Artes - Pro und Kontra

Untersuchungen zum gesellschaftlichen Diskurs zu

Kunst, Wissenschaft und Technik

Kapitel 1 und 2

Dr Vilmos Czikkely

ISBN 978-3-8495-8640-9 (Paperback)
ISBN 978-3-8495-8641-6 (Hardcover)
ISBN 978-3-8495-8642-3 (e-Book)

Verlag: tredition GmbH Hamburg

Printed in Germany

1 Einleitung

1.1 Das zu untersuchende Phänomen

* Der Titel „Artes: Pro und Kontra" dieser Arbeit bezieht sich auf verschiedene Bereiche menschlicher Aktivitäten: Kunst, Technik, Wissenschaft und deren gesellschaftliche Akzeptanz.
Was haben die drei ersten Bereiche miteinander zu tun? Aus unserer heutigen Sicht und auf den ersten Blick gar nichts.
Doch nehmen wir exemplarisch drei Namen, für jeden der drei Bereiche einen markanten: Picasso, Diesel, Einstein (wir könnten auch andere wählen). Ihr Werk und Wirken wurde nicht nur unter den „Fachkollegen", von „berufsmäßigen Kritikern", sondern auch von der Öffentlichkeit, den verschiedenen Medien kritisch aufgenommen und von Presse, Kanzel und Katheder zunächst verworfen. Die gemeinsamen Merkmale der drei Tätigkeitsbereiche finden wir zunächst im Negativen: In deren Kritik und in deren Ablehnung.
…. Die Werke aller drei waren zu ihrer Zeit (und sind z.T. auch heute noch) für die nicht spezialisierten „Normalsterblichen", unverständlich. Und sie sind für alle, auch für die an den tradierten Lehrmeinungen Gebildeten, eine Provokation.
…. Die drei ausgewählten Vertreter stehen für eigenständige Entwicklungen auf ihrem je eigenen Gebiet. Die Dynamik dieser Entwicklung überrollt uns unaufhaltsam, wir fühlen uns dieser Dynamik ohnmächtig ausgeliefert. Eine langsame, gemächliche Veränderung lässt sich bewältigen, aber der Umbruch zu etwas Neuem provoziert, fordert Widerstände heraus. Kein Wunder, dass auf allen drei Gebieten jede Neuerung zunächst auf allgemeine Kritik und Ablehnung stößt.

* Die genannten Beispiele sind modern. *Doch nicht zu wissen, was sich zutrug, ehe man geboren wurde, das hieße, immer ein Kind zu bleiben*[1].
…. Religion, Philosophie aber auch Literatur haben von ihren Anfängen an zu den Problemen ihrer Zeit Stellung genommen. Ob zeitgemäß, vorausweisend oder nicht, wird sich bei der Untersuchung herausstellen.
…. Dass unsere Gegenwart eine Zeit des Umbruchs ist, ist allgemein bekannt und anerkannt. Sie ist deswegen aber nicht singulär, ihr sind eine Reihe von ähnlichen Umbrüchen vorangegangen.
…. Der Bezug auf eine zeitliche Dimension ist für den Menschen wesentlich[2]. Für das menschliche Dasein ist diese aber nicht nur die abgeschlossene Vergangenheit konstitutiv, sondern auch die Zukunft, ein „offener Topos vor uns",[3].
In diese Spanne zwischen Historizität und Utopie hat der Autor die folgende Untersuchung gestellt.

* Bereits ein historischer Rückblick in wenigen Stichworten zeigt die Breite des zu untersuchenden Phänomens: Kritik an Kunst, Technik und Wissenschaft und ein Misstrauen gegen Neuerungen und Entdeckungen von Technik und Wissenschaft, bis hin zu Maschinenstürmerei, hat es in der Geschichte immer wieder gegeben, besonders zu Zeiten bedeutender Umbrüche. Nicht nur konkrete Innovationen sondern auch markante Umbrüche wurden im gesellschaftlichen Diskurs kritisch aufgenommen:

* Ziel dieser Untersuchung kulturhistorischer Konfliktfelder ist nicht antiquarisch *abgestorbene Topfpflanzen zu begießen*[4]. Man kann zwar immer wiederkehrend be-

obachten, dass der Wechsel eines Paradigmas mit einer „Querelle des anciens et des modernes", einer Auseinandersetzung zwischen „antiqui" und „moderni", begleitet wird. Doch es genügt hier nicht in diesem Topos nur eine generationsbedingte „Revolte der Jugend" zu sehen[5]. Auch Junge können antiquierte Positionen vertreten und Alte moderne. Selbst die Frage dahinter, ob die Äußerungen zu den Umbrüchen und Entwicklungen als eine „Querelle" nur in Begriffspaare, etwa „kritisch – affirmativ" zu fassen genügt[6], gilt zu prüfen.

* Nicht jede Kritik ist für unsere Untersuchung relevant: Paradigmenwechsel in den Wissenschaften und ihre kritische Prüfung gehören zur wissenschaftlichen Forschung[7], diese sind hier nicht Gegenstand der Untersuchung. Die historische Entwicklung der Wissenschaften im Speziellen, aber auch die der artes im Allgemeinen, spiegelt nur den Ausgang des gesellschaftlichen Diskurses wieder.

1.2 Die Wurzeln der Kritik an den artes

* Die Kritik von etwas Neuem kann bereits auf den ersten Blick verschiedene Wurzeln haben.

* Sicher wurde immer schon und in jeder Kunst auch mal Pfusch gemacht: Es gab immer schon *„Quacksalber, Angeber, Schaumschläger, brilliantringfingrige Stutzer, Sternschuppen beguckende Gaukler"*[8]. Sie geben gute Figuren für die Komödie ab. Natürlich muss Pfusch vom Gelungenen gesondert werden und dies geschieht in einer kritischen Prüfung. Doch daneben gibt es eine grundsätzliche Kritik an den τέχναί und diese geht auf das Wesentliche und Grundsätzliche. Praktisch überlagern sich die beiden Kritiken.
Kritik der Kunst und der Technik sind auch Gesellschaftskritik, oder Kritik an einer bestimmten Entwicklung in der Gesellschaft. Sie sind nicht immer Zeichen für ein diffuses „Unbehagen in der Kultur", - doch selbst dann werden sie durch Einstellungen und Leitideen geprägt, die wir zu untersuchen haben.

1.3 Die Methode und das Ziel der Untersuchung

* Diese kulturphilosophische Skizze hat nicht die Aufgabe die Genese von kulturellen Errungenschaften „a priori" zu begründen, sie setzt kulturelle Aktivitäten schon voraus (Einleitung zu Kapitel 2). Sie hat auch nicht die Aufgabe eine Zielursache für kulturelle Entwicklungen zu postulieren um sie anschließend zu finden. Diese Skizze ist ein Beitrag zur kulturphilosophischen Konfliktforschung, doch nicht mit dem Ziel nur alte Konflikte zu rekapitulieren, sondern mit dem Ziel, diese als Teil eines gesellschaftlichen Diskurses zu betrachten und die diesem Diskurs zugrundeliegenden Beweggründe aufzuspüren und ihre Entwicklungsdynamik zu verfolgen sowie eventuelle Muster oder Gesetzmäßigkeiten zu finden.

Kulturelle Ereignisse und die Stellungnahmen dazu stehen nie alleine da, sie haben Vorläufer und Nachfolger und selbst zu ihrer eigenen Zeit sind sie Teil eines gesellschaftlichen Diskurses. Es gibt Kontroversen, Entwicklungen die parallel verlaufen, zunächst unscheinbare „Phänomene", die ihre Potenz erst später entfalten; vorlaufende und zurückbleibende Prozesse. Alle diese Entwicklungen sind Teil eines teilweise bewusst teilweise unbewusst geführten gesellschaftlichen Diskurses.

* Es fehlt nicht an Versuchen kulturhistorische Vorgänge deterministisch zu beschreiben, sei es von einer „mechanischen", „ökonomischen", „sozialen" „Notwendigkeit" oder einer teleologischen Zielstrebigkeit geleitet[9]. Sie hatten alle nur einen partiellen Erfolg, da die Prozesse selbst offensichtlich chaotisch verlaufen, auch und gerade, wenn sie Gesetzmäßigkeiten aufweisen, aber von diesen nicht determiniert werden[10].

1.3.1 Die chaostheoretische Betrachtungsweise

Lange betrachtete man Chaos und Ordnung, Anarchie und Gesetzmäßigkeit als gegensätzliche Prinzipien[11].
Zur Beschreibung zeitlicher Abläufe in chaotischen Systemen hat sich das Modell der Attraktoren bewährt[12]. Hier soll das Modell auf den Verlauf gesellschaftlicher Diskurse und kultureller Entwicklungen, konkret auf den Verlauf des gesellschaftlichen Diskurses über die drei Zweige der artes, angewandt werden:

Bei der Untersuchung von Ereignisketten würde die übliche Periodisierung der Geschichtsschreibung die zu untersuchenden Ereignisketten oft durchschneiden und Zusammenhänge zerreißen. Wir verzichten daher in dieser Untersuchung weitgehend auf eine herkömmliche Periodisierung, auch wenn wir eine grobe Einteilung nicht vermeiden können. Verweise in der Darstellung sollen helfen die an solchen Grenzen abgerissene Verknüpfung wiederherzustellen.
Die Untersuchung ist aber - trotz der Verwendung von historischem Untersuchungsmaterial als Glieder in Entwicklungen und Ereignisketten - keine historische, sondern eine kulturphilosophische, weil der Gegenstand der Untersuchung eine kulturphilosophische Fragestellung ist: Eben die Suche nach atechnischen Attraktionsbereichen und ihren Komponenten und den Bedingungen eines mehr oder weniger freien Diskurses. Die Untersuchung der historischen Entwicklung der Reflexion eines technischen Bereiches der kulturellen Entwicklung in atechnischen Attraktionsbereichen ist nur ein Teil eines gesellschaftlichen Diskurses zu unserem Thema. Denn diese Reflexion kann auch anregend auf „technische" Entwicklungen wirken. Auf beides achtend entsteht, wenn auch unvollständig, auch eine „Kulturgeschichte der artes" und zugleich der diese spiegelnden atechnischen Bereiche.

1.3.2 Die spieltheoretische Betrachtung

* Ein „Spiel" besteht aus den Spielteilnehmern, ihren Handlungen und den zugehörigen Spielregeln. Das einfachste spieltheoretische Modell ist das Zweipersonenspiel. Z.B. eine herrschaftliche Bürokratie bestellt etwas, ein „Techniker" führt es aus, der erste bezahlt, der zweite verdient seinen Lebensunterhalt. Die nächste Stufe ist das Dreipersonenspiel: Zwei Spieler konkurrieren um die Gunst des Dritten. Das Modell kann natürlich auch für Oligopole und atomistische Konstellationen erweitert werden. Bei Mehrpersonenspielen rückt die Möglichkeit einer „siegreichen Koalition" ins Blickfeld.

Wir müssen auch auf die Stabilität von Koalitionen achten, denn instabile und wechselnde Koalitionen können zu paradoxen Ergebnissen führen. So müssen wir bei unserer Untersuchung eine Reihe von spieltheoretischen Paradoxien, Irrationalitäten und Inkonsequenzen beachten: Abstimmungen in Gruppen können, selbst dann, wenn sie als „rationale Entscheidungen" bestimmt werden, zu irrationalen Ergebnissen führen (Arrow-Paradox[13]). Ein oder einige Teilnehmer in einer Koalition können auf die Haltung der anderen auch polarisierend wirken. Die gleichen Teilnehmer können in verschiedenen Koalitionen verschiedene Haltungen einnehmen und vorangehende Entscheidungen revidieren. Solche Paradoxien sind typisch für politische Auseinandersetzungen[14] - auch in unserem heutigen kulturellen Phasenraum.

* Das Theorem der „Attraktoren" bekommt durch die Verkettung einer Abfolge von Spielen die eigentliche kulturphilosophische Deutung: Eine Abfolge von Spielen, Entscheidungen, Maßnahmen bilden die „Bahn" einer Entwicklung oder eines Prozesses. Wenn man mehrere Spiele, die regional nebeneinander verlaufen und/oder zeitlich aufeinander folgen, miteinander verknüpft, so kann das so entstandene System leicht ein chaotisches Verhalten annehmen. Auf der deskriptiven Ebene zeigt sich das chaotische Verhalten als die fraktale Natur kulturpolitischer Konstellationen. Weiteres zur Verwendung der spieltheoretischen Methode in dieser Untersuchung und ihre Verknüpfung mit der Suche nach Attraktoren im chaotischen Kulturraum siehe in den Mosaiken 3.1.1.8.1, 4.1.1, 4.1.2.2.1, 4.1.2.3, 4.2.7, 4.2.7.6, 5.1.4.1.2., 5.1.5, 5.1.6, 5.2.3.3, 6.2.1.3, 6.2.3, 7.1.1, 10.1.3. und 11.1.

* Als Bindeglied zwischen dem deskriptiven Modell der Attraktoren und einem erklärenden Modell der Spieltheorie müssen wir versuchen auch „treibende Kräfte" zu identifizieren, die eine Entwicklung fördern und Koalitionen der „Gleichgesinnten" ermöglichen. Der Autor beabsichtigt durch diese Untersuchung solche „Motivatoren" zu identifizieren.

1.4 Das Vorgehen

Die nun folgende Untersuchung ist in 9 weiteren Kapiteln gegliedert. Jedes Kapitel wird mit einer allgemeingehaltenen Skizze eingeleitet. Diese soll den Hintergrund der spezifisch artes-bezogenen Untersuchung bilden und zugleich die spieltheoretische Konstellation erhellen.

Wir beginnen diese Untersuchung zunächst mit einem kurzen Hinweis auf die drei Zweige der artes in der Vor- und Frühgeschichte. Auf diese anthropologische Begründung folgt eine Betrachtung der mythologisch gedeuteten Welt der „Babylonier" (2.1.), und der „Ägypter" (2.2.).
Es ist allgemein akzeptiert, dass die eigentliche Entwicklung der τέχναί bei den „Griechen" im 6. und 5. Jahrhundert vor unserer Zeitrechnung unter spezifischen Bedingungen einsetzte (2.3.4.): Wir wollen nach den spezifischen Differenzen zu den τέχναί in Mesopotamien und Ägypten suchen und nach Zeichen für ein „sekundäres Denken"[15]. Unsere frühesten Quellen sind die Mythologie (2.3.1.), Inschriften und die große epische Dichtung (2.3.2.).

1.5 Die Darstellung der Untersuchung

* Diese Untersuchung enthält drei Komponenten:
.... Die eine ist eine geraffte Skizze der artes der betrachteten Epoche,
.... die andere ist eine Skizze der spieltheoretischen Situation, d.h. die „kulturpolitischen Eingriffe" in den gesellschaftlichen Diskurs zugunsten der einen oder anderen der Beteiligten.
.... Und die dritte ist unserer eigentlicher Gegenstand, die Einstellungen von Zeitgenossen zu damaligen Entwicklungen, Umbrüche und Paradigmenwechsel auf dem Gebiet der artes. Von diesen können wir nicht alle in dieser Untersuchung berück-

sichtigen: Während die „Hauptprotagonisten" eines Diskurses ausführlicher behandelt werden, können insbesondere unsere „Zeitzeugen" oft nur mit einem lexikalischen Hinweis erwähnt werden, wohl wissend, dass diese zusammen nur die Spitze des Eisberges bilden. Diese Spitze wurde von einer mehr oder weniger breiten Basis getragen, die hier ganz unberücksichtigt bleiben muss.

Die Darstellung dieser Untersuchung ist wie ein musivisches Puzzle modular aus einzelnen Miniaturen nach dem Muster antiker Mosaikbilder aufgebaut. Die einzelnen Bilder, ihrerseits aus einzelnen Mosaiksteinchen zusammengesetzt (im Text mit einem * markiert), werden nicht willkürlich, auch nicht zufällig oder dichterisch sondern für das untersuchte Thema möglichst systematisch gesammelt. Natürlich konnten nicht alle Aspekte und Protagonisten berücksichtigt werden. Für die Auswahl, kleine wie auch gravierende Auslassungen trägt der Autor die Verantwortung.
Eventuelle Unebenheiten oder Inkonsistenzen in den betrachteten Komponenten werden nicht mit dem Hinweis auf eine vermeintlich „wahre" Meinung des gerade betrachteten Protagonisten weggeglättet oder als durch eine „innere Entwicklung" überholt ausgeklammert. Denn jede fassbare Einstellung kann Hinweise auf das Vorhandensein von atechnischen Attraktoren geben, auch wenn der Betroffene sie später aufgegeben hat.
Nicht die Einzelbilder sind neu, sondern das Gesamtbild, das erst durch das Zusammenfügen der Teile entsteht.

Zur Verknüpfung der einzelnen Teile sind im Text Vor- und Rückverweise auf relevante Kapitel oder Abschnitte untergebracht. Sie bilden einen wichtigen Teil unserer Untersuchung, denn durch diese Hinweise werden Zusammenhänge und eine Vernetzung zwischen einzelnen Mosaiken aufgedeckt, die diese aus der Isolierung lösen. Diese Verknüpfungen bilden einen „Faden der Ariadne", der den interessierten Leser durch ein chaotisch anmutendes Labyrinth führt indem es ihn ermutigt die verschlungenen und verwachsenen Pfade zu verfolgen, ohne alles „linear" am vorgelegten Inhaltsverzeichnis entlang lesen oder unterbrechend und ratsuchend im Stichwortregister nachschlagen zu müssen.

Die hier vorgelegte Fassung enthält die ersten zwei Kapitel in einer etwas gerafften Form und Inhaltsangaben zu den Kapiteln 3-10. Bei Interesse kann man diese beim Autor anfordern.

* Die verwendete Literatur wird unterschiedlich gehandhabt:

Zur Darstellung eines gesellschaftlichen Diskurses brauchen wir eine Grundlage an Primärdaten. Dazu müssen wir die Meinung der maßgeblichen Protagonisten zu unserem Thema hören um seine Einstellung kennen zu lernen. Diese Primärdaten finden wir in Briefen, Tagebüchern und anderen literarischen Werken.

Da wir uns für Beiträge zum gesellschaftlichen Diskurs interessieren, müssen wir an sensiblen Punkten direkt zu den Quellen zurückkehren und so lassen wir - von der Methodik der Geschichtsschreibung abweichend - den dort besprochenen Autor möglichst selbst sprechen und ihn möglichst wenig interpretierend referieren. Auch dort, wo Institutionen wie „Kirche", kirchliche Institutionen oder Ämter und religiöse Orden als „Teilnehmer" des Diskurses auftreten, fragen wir ihre exponierten Vertreter nicht nur nach ihrer Funktion[16], sondern lassen sie nach Möglichkeit direkt sprechen. Entscheidungen von Konzilen oder Satzungen religiöser Orden werden wie originäre

Beiträge behandelt. Dadurch werden Meinungsunterschiede der Beteiligten, und damit auch der gesellschaftliche Diskurs, in einem mehr oder weniger breiten Spektrum sichtbar.

Zitate der wichtigsten Protagonisten werden in der Übersetzung in *Kursivschrift* hervorgehoben, während referierte oder geraffte Darstellungen in Normalschrift wiedergegeben werden. Durch dieses Vorgehen soll der chaotisch anmutende Diskurs-Charakter kultureller Entwicklungen besonders deutlich werden.

Zusätzlich zu unseren „Hauptprotagonisten" werden weitere Beteiligte am gesellschaftlichen Diskurs, doch bei weiten nicht alle, und historischen Zusatzinformationen zur Szenerie des Diskurses mit einem lexikalischen Hinweis erwähnt.

* Als Nichtphilologe verwendet der Autor je nach Verfügbarkeit deutsche, englische, manchmal spanische, französische oder italienische Übersetzungen, was ja schon eine Interpretation ist. Doch die übersetzten Formulierungen wurden in besonders kritischen Fällen in der Originalsprache oder zumindest gegen eine andere Übersetzung gegengeprüft (soweit solche verfügbar sind).

Weiter ins Detail führende Literatur findet man in den Literaturangaben in den verwendeten Werken selbst.

Der Autor hat sich bemüht, einerseits nach Möglichkeit aktuell zu bleiben, aber auf der anderen Seite sich nicht in laufende, noch nicht entschiedene Diskussionen einzumischen, wohl wissend, dass eine für alle befriedigende Balance zwischen diesen Positionen kaum möglich ist. Doch er lädt den Leser zu einer Kulturreise über vierein- halb Jahrtausende Geschichte ein. Es wird eine Odyssee sein, aber keine Irrfahrt. Der Leser wird kulturphilosophisch wenig beachtete Landschaften kennen lernen. Nach dieser Reise erwartet ihn der heimatliche Hafen, aber er wird ihn mit neuen Augen sehen.

Danksagung: Meinen Lehrern: Ireneus Galambos (OSB), Gellert Bekes (OSB), Freitag von Löringhoff, Walter Schulz, Ernst Bloch, Otto Friedrich Bollnow, Wofgang Wieland, Kai-Uwe Brodersen, Karen Piepenbrink, Lothar Kreimendahl, Hans Peter Kraft danke ich für die vielen Anregungen, die mich zur Beschäftigung mit dem Kulturkomplex „Artes im gesellschaftlichen Diskurs" geführt haben. Für wertvolle kritische Gespräche danke ich Robert Nitzschmann. Ihnen allen sei diese Untersuchung in Dankbarkeit zugeeignet.

2 Frühe Spuren: Hybris

Präludium: Die Geschichte der artes ist mit der Geschichte der Menschheit untrennbar verbunden: Neben Knochenfunden sind es die Artefakte, die die Spuren der frühen Menschen vom Altpaläolithikum aufwärts anzeigen[17].
Jagd, Fischfang und das Sammeln von Pflanzen oder Teile davon, zeugen für eine intensive Beobachtung der Natur[18]. Die Spuren zeugen auch für Probieren[19] und eine frühe Mobilität der Homoiden.

Die drei Zweige der artes traten nicht gleichzeitig in Erscheinung (d.h. nicht, dass es keine Vorstufen gab, nur dass diese - noch nicht - fassbar sind) und sie zeigen eine unterschiedliche Dynamik der Entwicklung:

.... Die frühesten Spuren von Technik, „Handwerk", vom Altpaläolitikum (vor ca. 2,5 Millionen Jahren[20] aufwärts, sind die Werkzeuge aus Geröll (peble)[21]. Vor ca. 450.000 Jahren,[22] wurden die Faustkeile als „Universalgeräte" erfunden. Diese Werkzeuge lassen im Übergang vom Mittelpaleolitikum zum Jungpaläolithikum (vor ca. 50.000 Jahren) einen innovativen Aspekt erkennen[23]. Im Altpaläolithikum wurden die Werkzeuge aus lokalem Vorkommen hergestellt[24].

Durch viele „Umbrüche" und „Revolutionen" haben sich komplexe Lebens- und Sozialstrukturen herausgebildet:
. Etwa in der ersten Hälfte des 4. Jahrtausend v.u.Z. ist eine „Städtische Revolution" und eine Führungsschicht fassbar[25]. Im Tal des Euphrat hat sich Mitte des 4. Jahrtausends ein Netz ländlicher Siedlungen herausgebildet mit Uruk als Zentrum[26] (2.1.).
. Die „Fürstengräber" mit ihren vergleichbaren Ausstattung an Luxusgütern und Statussymbolen[27] markieren ein weites Netzwerk: Techniken, Motive, Ornamente, Symbole sind von Deutschland bis in den Mittelmeerraum und den Vorderen Orient ähnlich: In der späten Bronzezeit entstand ein „internationaler Stil"[28], Zeichen für eine „erste Globalisierung"[29].

Eine frühe Spur für „Sicherheitsvorschriften" finden wir im Alten Testament: *Wenn du ein new Haus bawest / so mache ein Lehnen drumb auff deinem Dache / Auff das du nicht Blut auff dem Haus ladest / wenn jemand er ab fiele*[30].

.... Auch die „Kunst" ist vor der „Neolithischen Revolution", jedoch später als das „Handwerk", fassbar: Bereits der „Neandertaler" (160 - ca. 30 tausend Jahre v.u.Z.) zeigte einen Sinn für schöne Formen und Farben, sammelte regelmäßige Kristalle, legte Gräberfelder an und verwendete rote Ockerfarbe bei der Bestattung der Toten.

Vom Jungpaläolithikum, von der Epoche Aurignacien an (vor ca. 40.000 bis 25.000 / 20.000 Jahren[31]) erscheinen „Kunstwerke": Schnitzereien aus Knochen, Felsen- und Höhlenmalereien, -reliefs[32]. Die wichtigsten Vertreter der frühesten Kunst sind Piktogramme in Südwestfrankreich und Kleinplastiken aus den Höhlen der Schwäbischen Alb[33]. Die älteste bis heute bekannte menschliche Figur, die „Venus vom Hohle Fels", wird auf ein Alter von ca. 40 bis 31 Tausend Jahren vor heute geschätzt[34]. Die meisten Bilderhöhlen gehören in das Magdalenien; insbesondere das spätere Magdalenien (ca. 18.000 – 10.000) ist durch den sprunghaften Anstieg der Höhlenmalerei gekennzeichnet: Ihm gehören Lascaux, La Marche, Altamira, El Castillo u.a.m. an[35]. Bemalte Steine vom „Hohle Fels" an der Schwäbischen Alb zeigen, dass Malerei in vielen Regionen Europas praktiziert wurde[36]. Doch mit dem Magdalenien endet die Höhlenmalerei.

Ebenfalls ins Jungpaläolithikum werden früheste Funde eines Musikinstruments datiert: Flöten, Schwirrhölzer und Schlaginstrumente[37].

…. Sicher haben die frühen Menschen schon als Jäger und Sammler ihre Umwelt beobachtet – ein Zeichen dafür sind die erhaltenen Tierbilder in den Höhlen. Sie sammelten sicher auch Kenntnisse über ihre Umwelt: Sie kannten die Lebensgewohnheiten ihrer Jagdtiere, die Pflanzen, die sie sammelten, das Vorkommen und die Eigenschaften der Rohstoffe für ihre Werkzeuge. Wo das Wissen über Zusammenhänge mangelte traten vermutlich Magie, Zauberformel und Riten hinzu um die Welt zu deuten[38].

Der dritte Zweig der artes, die „Wissenschaft" tritt uns erst mit der „Neolithischen Revolution" als „Zählkunst" das erste Mal in Erscheinung[39]: als eine vom konkreten Einzelfall abgelöste eigenständige Kategorie des Denkens und der Auseinandersetzung mit der Umwelt, mit Zählstrichen, der Bündelung von Zählstrichen und Zählsteinen als zweite Stufe des Zählens[40]. Um etwa 1100 v.u.Z. wurde als Rechenhilfe der Abakus erfunden. Als das älteste erhaltene Rechenbrett (etwa 300 v. u.Z.) gelten die „Salaminischen Tafeln" (Nationalmuseum in Athen). Der Abakus wurde immer wieder verbessert und blieb in Europa bis ins 16. Jahrhundert im Gebrauch. Im Osten, vom Balkan bis nach China, wird er hier und da noch als preiswerte Rechenmaschine bei kleinen Geschäften verwendet[41],[42] (9.1.1.).

Es gab auch Misstrauen gegenüber Messungen: „wer misst, misst Mist", --- Konflikte, die mit Quantifizierungen verbunden sind, kann man erst in den schriftlichen Überlieferungen fassen. Z.B. im Alten Testament heißt es: *Ihr sollt nicht unrecht handeln im Gericht mit der Elle, mit Gewicht, mit Maß. Rechte Waage, rechte Pfunde, rechte Scheffel, rechte Kannen sollen bei euch sein*[43]… *Falsche Waage ist dem HERRN ein Gräuel; aber völliges Gewicht ist sein Wohlgefallen*[44]. … *Rechte Waage und Gewicht ist vom HERRN; und alle Pfunde im Sack sind seine Werke*[45]. *DV solt nicht zweierley Gewicht in deinem sack / gros vnd klein haben. Vnd in deinem hause sol nicht zweierley Scheffel / gros vnd klein sein. Du solt ein vollig vnd recht Gewicht / vnd einen völligen vnd rechten Scheffel haben / Auff das dein Leben lang were in dem Lande / das dir der HERR dein Gott geben wird. Denn wer solches thut / der ist dem HERRN deinem Gott ein Grewel*[46].

Die strengen Strafen in den alten Gesetzestexten für Maßverfälschung und Maßbetrügerei wie zum Beispiel im Kodex des Hammurabi lassen indirekt darauf schließen, dass es metrologische Instanzen gab, die die Einhaltung der Normen überwachten[47].

* Ausblick: Doch, bei allem Misstrauen, die Quantifizierung wurde nicht generell abgelehnt. Konflikte um richtiges Messen waren (und sind) Gegenstand hoheitlicher Regelungen[48],[49]: In Athen gab es auf der Agora ein Metroion um Maße zu überprüfen[50]. Metronomoi, d.h. Eichbeamte, 10 in Piräus und 5 in der Stadt, waren eingesetzt, die die Einhaltung der gesetzlichen Maße zu überwachen hatten[51]. Im Römischen Reich gab es in allen Provinzen staatliche Eichämter[52]. Die Aufsicht über Maß und Gewicht oblag bis zur Kaiserzeit den Ädilen, Magistratsbeamten[53].

Diese Konflikte um „das richtige Maß" und dessen Normierung bilden nicht eigens den Gegenstand dieser Untersuchung. Doch Fortschritte in der Messtechnik und

Fortschritt in den Wissenschaften gingen (und gehen) Hand in Hand[54] --- dieser Aspekt von „Zählen, Messen und Wiegen" ist wohl Gegenstand dieser Untersuchung (3.6.2.1.2.; 4.1.2.1.3.; 5.1.2.2.; 5.2.2., 6.2.4.2.6.; 7.1.1.; 9.1.1.; 9.1.7.1.6.; 9.1.7.3.8.; 10.3.2.1.; 10.3.2.2.3., 10.3.2.2.4. und 10.4.1.).

* Das reichhaltige archäologische Fundmaterial kündet auch von technischen, auch technologischen und künstlerischen Inhomogenitäten:
…. Die Neuerungen, neue Werkstoffe (z.B. Obsidian, Bronze oder Eisen), neue Techniken (z.B. die Verwendung des Feuers, der Töpferscheibe oder die Entwicklung der Metallurgie zur „Industrie"), neue Kunstformen oder Wissen, waren zunächst ein Privileg führender Personen, „Schichten" oder „Klassen".
…. Neben Neuerungen und technologischem Fortschritt gab es auch ein Bewahren des Herkömmlichen. Geräte aus Feuerstein wurden von der Stein-, Bronze- und Eisenzeit bis ins Mittelalter verwendet[55].
…. Im archäologischen Material finden wir auch Hinweise auf retardierende Tendenzen[56].

Alle diese Veränderungen wurden sicher auch von einem „gesellschaftlichen Diskurs" begleitet: Wissen wurde durch Beobachtungen und Experimente akkumuliert, aber auch kritisch bewertet[57]. Doch das archäologische Material schweigt zumeist, wenn wir nach den Einstellungen zu diesen Umbrüchen und „Revolutionen" fragen.
In den Großreichen des Altertums, in Mesopotamien und Ägypten hatten die „artes" gesellschaftliche und religiöse Funktionen. Doch direkte Dokumente im Hinblick auf ihr „Wesen" sind nicht überliefert[58], selbst ein Terminus ist nicht bekannt.

Die Einstellungen zu den artes sind erst mit dem Aufkommen der Schrift (Mitte des 4. Jahrtausends v.u.Z.), nicht gleich direkt, sondern zunächst in der Mythologie und Dichtung fassbar. Diese bilden den einleitenden Zugang zu unserem Thema in den alten Kulturen: in Mesopotamien (2.1), in Ägypten (2.2.) und in Griechenland (2.3.).

Eine frühe warnende Stimme finden wir im Alten Testament: *Gott der HERR nahm den Menschen und setzte ihn in den Garten Eden, daß er ihn baute und bewahrte. Und Gott der HERR gebot dem Menschen und sprach: Du sollst essen von allerlei Bäumen im Garten; aber von dem Baum der Erkenntnis des Guten und des Bösen sollst du nicht essen; denn welches Tages du davon ißt, wirst du des Todes sterben*[59]. Die „Neolythische Revolution" erschien als eine Folge des Sündenfalls (5.1. und 5.1.1.).

2.1 Mesopotamien

Im mittleren Tal des Euphrat gab es Mitte des 4. Jahrtausends ein Netz ländlicher Siedlungen. Diese waren auf Uruk als Zentrum ausgerichtet[60]. Im Zweistromland zwischen Tigris und Euphrat lösten sich vom 4. Jahrtausend v.u.Z. bis zum Sieg des Islam im 7. Jahrhundert u.Z. viele politische Strukturen ab. Auf die nicht semitischen sumerischen Reiche (3. Jahrtausend v.u.Z.) folgten das semitische Akkad (2350 – 2000 v.u.Z.), Assur (18. – 7. Jahrhundert v.u.Z.) und Babylon (18. – 6.Jahrhundert v.u.Z.), Mittani (16. – 13.Jahrhundert v.u.Z.), die Kassiten (16- - 12. Jahrhundert v.u.Z.), dann die Achämeniden (7. – 4. Jahrhundert v.u.Z.), die Griechen (4. – 2. Jahrhundert v.u.Z.) und die Sassaniden (4. – 7. Jahrhundert u.Z.).

* In der zweiten Hälfte des 4. Jahrtausends gab es eine Reihe von Neuerungen: Die Entwicklung der Schrift, großformatige Kunst, monumentale Gebäude. Diese setzten planerische und organisatorische Erfahrungen voraus. Töpferscheibe und Drehbank veränderten die Arbeitswelt[61].

Der sich ausweitende Handel führte im 3. Jahrtausend zur Entwicklung der Keilschrift. Zunächst bestand die Schrift hauptsächlich aus Bildsymbolen[62]. Die ersten Schriftzeichen, die wir kennen, waren die Zeichen der Keilschrift in Uruk (3100 v.u.Z.), die in Tontafeln eingedrückt wurden, und in Magazinen auf Regalen gestapelt aufbewahrt wurden[63].
Die einmal erfundene Schrift wurde immer abstrakter. Diese erreichte um 2700 v. Chr. ihre Vollendung. Die Keilschrift wurde über 2500 Jahre lang in Mesopotamien angewandt und fand sich auch in Syrien und bei den Hethitern, sowie in den diplomatischen Archiven Ägyptens. Da viele Menschen nicht schreiben konnten (2.1.2.4.), nahmen sie für ihre Zwecke die Dienste von Schreibern in Anspruch. Der Schreiber wurde so zu einer angesehenen Person in der Gesellschaft[64].

Die Tontafeln sind, neben archäologischen Funden unsere wichtigsten Quellen: In den Magazinen fand man nicht nur Wirtschaftstexte und Archivalien, sondern auch Wortlisten und Kulturtexte, Mythen und Epen. Die größeren Bestände wurden auch katalogisiert: Sie waren Bibliotheken[65]. Unter den Tontafeln gibt es Listen mit Berufsbezeichnungen – die es sicher auch schon vorher in der mündlichen Tradition gab[66].

Weder im Sumerischen noch im Akkadischen gibt es ein Wort für „Künstler". Doch einige Berufsbezeichnungen, wie „Statuenhersteller", könnten auch eine künstlerische Tätigkeit umschreiben. In den schriftlichen Zeugnissen gibt es Spuren für ästhetische Freiheit. Ein Nabu-asared klagt in einem Brief an Assurbanipal (668 - 631 v.u.Z.): *Wenn ich mit ihnen* (anderen Künstlern) *über guten Geschmack oder etwas anderes rede, hören sie mir nicht einmal zu*[67].
Das zu bearbeitende Material wurde von der Verwaltung auftragsbezogen zugeteilt, und für ungerechtfertigten Umgang damit gab es auch Strafen. Handwerk und Kunst wurden nicht unterschieden. Das Handwerk war spezialisiert, das Know – how wurde genealogisch weitergegeben. Zuweilen wurden in Kriegen Spezialisten als Gefangene akquiriert. Für die Herstellung von Glas, Parfüm und Bronze hat man schriftliche Rezepte gefunden, die aber damals nicht öffentlich zugänglich waren[68].

Es gab eine Rangordnung der Berufe: An oberster Stelle standen die Schreibberufe[69] (2.1.2.4.).

* Mesopotamien war arm an „industriellen" Rohstoffen: Kupfer, Zinn, Eisen, Gold und Silber. Im Austausch hat Sumer Getreide und Gewebtes zu bieten[70]. Zentrum für Bergbau und Metallverarbeitung war ab dem 3. Jahrtausend der Kaukasus (s. Einleitung zu Kapitel 2). Aber auch Bauholz und wertvolle Steine mussten durch Fernhandel herbeigeschafft werden[71].
Der Wagen ist etwa seit 3000 v.u.Z. nachweisbar[72], Seit dem Jahr 3000 gab es bei den Sumerern Fahrzeuge, kastenförmige Wagen mit massiven Rädern, die von Ochsen gezogen wurden[73]. Eselskarawanen oder Kamele wurden erst ab dem 1. Jahrtausend v.u.Z. zum Transport von Waren eingesetzt[74]. Um 2500 v.u.Z. sind Verbindungen zwischen Mesopotamien und dem Industal nachweisbar[75,76,77,78].
Wir kennen (noch) keine kritischen Stimmen zu diesen „Revolutionen".

Schulgi, ein Herrscher aus Ur etwa 2100 - 2050, rühmt sich in einem Hymnus: *Ich verbreitete die Fußpfade, machte die Straßen des Landes gerade, / Ich machte das Reisen sicher, baute dort große Häuser, / Pflanzte Gärten bei ihnen, richtete Rastplätze ein*[79].

* Handelswege dienen nicht nur dem Warenaustausch, sie waren und sind auch Wege der Kommunikation und sie können zum Kriegspfad werden. Nicht nur die verschiedenen lokalen Herrscher haben um Vorherrschaft gerungen, in Mesopotamien sind auch verschiedene Völker eingefallen, die Semiten, die Kassiten, die Churriten, die Hethiter, die Skythen, zum Schluss die Perser. Alle haben die vorgefundene Wirtschaftsordnung und Verwaltung übernommen und dienstbar gemacht. Auch unter der Perserherrschaft blieb die Verbindung von Manufakturen, Kunst und Handwerk, mit dem Schatzhaus bestehen.

2.1.1 Die Mythologie

Die Mythen deuten die Welt und das Leben. So finden wir in den Mythen auch die frühesten Spuren der Einstellungen zu unserem Thema.

2.1.2 Die Wissenschaften

Die schriftlichen Zeugnisse Mesopotamiens sind Inschriften und Tontäfelchen. Die frühesten Tontäfelchen enthalten Auflistung von Waren: Tiere, Töpfe, Körbe usw. Die Tontäfelchen wurden häufig in Stapeln gefunden.
Diese waren häufig Archive für die Aufzeichnungen wichtiger Verwaltungsangelegenheiten. Daneben gab es aber auch Lehrbücher und literarische Aufzeichnungen[80]. Letztere sind wichtige Zeugnisse für Einstellungen zu den artes.

* Die Sammlung, Systematisierung und Weitergabe der Kenntnisse aller Art, auch der Wissenschaften, war eine Aufgabe der Beamten im „Tafelhaus". Geistige Mittelpunkte gab es auch in den Tempeln, wo insbesondere die priesterlichen Wissenschaften, Astronomie, Astrologie, Mantik, Dämonenlehre und die Beschwörungskünste gepflegt wurden[81].
Der Erwerb von Bildung wurde damals als hohes Ziel angesehen[82],[83]. Der Herrscher von Assur, Assurbanipal (2.1) rühmte sich seiner Bildung in seinen Inschriften: *Ich untersuchte den Inhalt aller Werke der Schreibkunst, die Lehren der alten Meister, ich studierte die heilige Wissenschaft, die gesamte Kunst des Schreibens, ich pflegte gelehrte Texte zu lesen, in denen das Sumerische dunkel und das Akkadische schwer zu verstehen war. Ich habe die Inschriften auf Stein aus der Zeit vor der Flut untersucht, die versiegelt, dunkel und verworren sind.* Er ließ für seine Bibliothek in Ninive Texte in allen Teilen des Landes „sammeln" und führte mit seinen Bevollmächtigten ausgedehnte Briefwechsel darüber. Diese Bibliothek spielte eine wichtige Rolle bei der Erforschung der Keilschrift[84].

* Die Bildung, die Kultur und die Wissenschaften fielen in die Zuständigkeit des Enki / Ea. Der Schutzgott der Weisheit und auch der Schreiber war in babylonisch-assyrischer Zeit Nabu, Enkis Enkel. Unter den neubabylonischen Herrschern wurde Nabu zur obersten Gottheit[85].

Es gab eine „Weisheitsliteratur", in der Form von Streit- oder Zwiegesprächen, da streiten etwa der Hirte und der Bauer, oder Hacke und Pflug, um den Vorrang. Dieser

Zweig der Literatur enthält keine Regeln zur Handlung oder zu einer weisen Lebensführung, keine Moral oder eine Versprechung für das Einhalten bestimmter Regel. Gleichwohl sind sie ein Zeichen einer kritischen Einstellung zu den Handwerkern, Künstler und Wissenschaften, auch wenn wir keine konkreteren Andeutungen einer kritischen Einstellung zu den einzelnen τέχναί erkennen können.

2.1.2.1 Medizin:

Die medizinischen Texte sind in den königlichen Archiven in Assur und Ninive zu finden, doch es gab auch private Archive. Sie gehören in die Zeit vom 3. Jahrtausend v.u.Z. bis in die hellenistische Epoche. Die meisten davon werden in das 1. Jahrtausend v.u.Z. datiert[86].
Göttin der Heilkunst war Gula, eine Tochter des Anu[87].

* Die Ärzte waren Palastangestellte, hierarchisch organisiert. Sie wurden gelegentlich von einem befreundeten Herrscher angefordert, der Anforderung wurde stattgegeben und der angeforderte Arzt in die Fremde entsandt[88].
Es gab wohl auch einen ärztlichen Eid (dessen Inhalt wir nicht kennen). Die Gebühren richteten sich nach dem Vermögen des Patienten und nicht nach der Bekanntheit des Arztes.

* In Mesopotamien gab es zwei Traditionsstränge nebeneinander für die Behandlung von Krankheiten:
…. Krankheit konnte als eine Strafe der Götter angesehen werden. Der Exorzist untersuchte den Patienten nach Anzeichen für den vermuteten Verlauf der Krankheit und verordnete Rituale, Gebete oder Opfer als Gegenmittel. Dieser Aspekt begleitet die Geschichte der Medizin bis in unsere Tage (2.2.3.3.; 2.3.4.3.; 4.1.2.1.4. und 9.1.3.1.).
…. Der „praktische" Arzt und Pharmazeut hat sich an Krankheitssymptomen orientierte und verordnete Heilmittel. Untersucht wurde die Körpertemperatur, die Pulsfrequenz und Pulsstärke, Hautverfärbungen, Entzündungen und die Farbe des Urins, Die Heilmittel waren natürlicher Art wie: Heilkräuter bzw. Extrakte, Inhalationen, Salben, Umschläge, Einreibungen oder Waschungen. Es gab Listen von Symptomen und Heilmittel. All dies auf empirischer Basis, denn die Physiologie war noch unbekannt, und die Anatomie nur oberflächlich. Eine theoretische Reflexion der Erfahrungen und des eigenen Tuns oder medizinische Theorien fehlten[89].
Doch auch diese „Erfahrungsmedizin" war mit magischen Elementen durchsetzt, in allem war die rituelle Reinheit ein wichtiger Gesichtspunkt: in der Diagnose, bei der Zubereitung und Anwendung der Heilmittel, in der Nachsorge gegen Rückfall[90].

Ausblick: Im berühmten Papyrus Ebers (2.2.3.3.) werden Dutzende von Pflanzenarten genannt, und wir wissen, dass auch Hippokrates (2.3.4.3.) ihnen in seiner Therapeutik einen gewichtigen Platz einräumte. Theophrastos kannte 500 heilkräftige Gewächse, Celsus 250, Plinius der Ältere ungefähr 1000, Dioskurides 600 und Galen 473[91] (4.1.2.1.4.).

2.1.2.2 Mathematik

Die mathematischen Texte gruppieren sich in zwei Perioden: die eine wird in „alt babylonische„ Zeit (ca. 1800 – 1600 v.u.Z.), die andere in die hellenistische Zeit (die letzten 3 Jahrhunderte v.u.Z.) datiert[92]. Die ersteren kannten noch kein Zeichen für die Null, erst in der seleukidischen Periode wurde ein eigenes Zeichen für die Null eingeführt[93].

Die ältesten mathematischen Tafeln stammen aus den ersten Jahren des zweiten Jahrtausends. Die meisten stammen aus altbabylonischer Zeit und bestehen aus Tabellen oder Verfahrensanweisungen für die gestellte Aufgabe. Sie wurden von Schreibern für Schreiber geschrieben, die meisten Menschen waren mathematisch ungebildet (Wie auch in Ägypten, 2.2.3.1.)[94].

Viele dieser Tafeln sind mit Gewichten und Maßen verbunden, die im täglichen Leben eine Rolle spielten. Sie standen mit ökonomischen Fragestellungen in Verbindung[95].

Gleichwohl, alle Tabellen sind noch ohne allgemeingültige Lösungsvorschrift, ohne Beweisführung und ohne methodische Reflexion. Die Rechentafeln bildeten Sammlungen gleichartiger Aufgaben, aber kein Lehrgebäude. Sie bilden zwar eine systematisierte, aber doch vorwissenschaftliche Stufe[96].

Eine andere Eigentümlichkeit des babylonischen Zahlensystems war die Zahlenmystik: jede der Zahlen war mit einer Gottheit verbunden, sie bildeten eine hierarchische Ordnung: Oben an stand Anu, ihm wurde als vollkommene Zahl die 60 zugeordnet, alle anderen Götter folgten in absteigender Reihenfolge. Die Zahlenmystik finden wir auch bei Pythagoras (2.3.4.2.) und Platon (3.6.2.2.4.) wieder[97].

Die Geometrie war anscheinend nicht so weit entwickelt wie die Algebra.

2.1.2.3 Die Astronomie

Die Astronomie bildete die Grundlage für den Kalender und die Zeitmessung[98]. Grundlage des Kalenders war das Mondjahr, es musste von Zeit zu Zeit mit dem Sonnenjahr abgeglichen werden[99]. Die Grundlage dazu lieferten astronomische Aufzeichnungen. Ein Ziel der Astronomie war einen Kalender auszuarbeiten, der die Diskrepanz zwischen Mond- und Sonnenjahr lösen konnte damit die Feste und Rituale zum richtigen Zeitpunkt begangen werden konnten.

Das Alte Testament erwähnt die „Chaldäer" in Südmesopotamien als Sternenseher[100], Traumdeuter, Seher, Weisen[101], und Zauberer, die künftiges voraussagen[102]. Sie wurden in der Antike sowohl bei den Griechen als auch bei den Römern als Spezialisten für sternkundliches Wissen aller Art genannt (3.1.1.2., 4.1.1.1. und 6.2.4.2.2.).

2.1.2.4 Technisches Wissen

Technisch und organisatorisch komplexe Projekte, Palastanlagen, Tempel und die Infrastrukturmaßnahmen, die Neuanlage von Städten, der Bau von Straßen, Kanälen und Befestigungen sind im Alten Orient seit dem 4. Jahrtausend v.u.Z. bekannt[103]. Sie setzen Planung und Organisation voraus und sie spiegeln sich in königlichen Bauberichten wieder. Der Topos des Königs als Bauherr ist aus dem Gilgamesch-Epos (2.1.1.) und auch aus Rechenschaftsberichten bekannt[104].

Der Kodex Hammurabi sieht Haftungsregelungen für Baumeister[105] und Schiffsbauer vor[106],

In literarischen Werken gibt es Hinweise auf Achtung technischen Wissens[107]. Die Armeen verfügten über eine technische Elite: Ihre Aufgabe war der Bau von Verteidigungsanlagen und die Belagerungstechnik aber auch die gesamte militärische Logistik[108].

Es ist eine Abgrenzung gegenüber dem reproduzierenden Handwerk erkennbar: Spezialisten konnten ein hohes Ansehen erwerben[109].

2.1.2.5 Das Bildungswesen

Nur wenige Kinder hatten die Möglichkeit schon in jungen Jahren lesen und schreiben zu lernen. Sie kamen gewöhnlich aus Familien von Priestern, Schreibern und hohen königlichen Beamten[110]. Im 1. Jahrtausend gab es zwei Schulstufen[111]:

…. In der ersten Stufe lernten die Kinder lesen, schreiben und erwarben Grundkenntnisse einiger wichtiger Texte. Die Kinder lernten zunächst einzelne Zeichen, dann Zeichenkombinationen und Wörter schreiben. Der Wortschatz deckte sämtliche Bereiche ab: Flora, Fauna, Geographie, Mineralogie, Jura und Verwaltung. Danach konnte sich jedes Kind unterschiedlich orientieren: entweder die erste Stufe weiterführen und sich „humanistisch" ausbilden lassen, oder eine zweite Stufe besuchen und sich auf technische Berufe vorbereiten.

…. In der Weiterführung der ersten Stufe wurden die Schüler mit administrativen Texten vertraut gemacht. Sie lernten Personen-, Ortsnamen, die Terminologie der Prozessführung, Zahlen, Maße, Verträge, Briefe oder Urkunden zu schreiben, sie konnten ihre Kenntnisse in lexikalischen Listen, kanonisch-literarischen, religiösen, juristischen und historischen Texte vertiefen. Diejenigen, die die gesamte Laufbahn vollendet haben, bekamen verantwortungsvolle Posten in der Verwaltung. Ein nicht ganz so begabter Schüler konnte früher aufhören und einen niedrigeren Beruf ergreifen.

…. In der praxisorientierten zweiten Stufe wurden je nach Berufsziel weitere Textkenntnisse erworben. Viele Schüler lernten „Mathematik", sammelten Kenntnisse in allen Rechenarten, Geometrie und Maßsystemen. Spätere Tempeldiener mussten nach der Schule singen und ein Instrument spielen können.

…. Die Stadt Isim war nicht nur ein Zentrum für die Heilkunde (2.1.2.1.) sondern auch ein Ausbildungszentrum für die Heilberufe[112]. Doch der Besuch dieses Zentrums war keine Pflicht, die meisten Ärzte lernten durch Praxis und Erfahrung von ihren Vätern[113].

…. Praktische Berufe und das Handwerk gingen von Generation zu Generation über, doch es wurden auch Sklaven ausgebildet. Die Länge des Lernprozesses hing vom Handwerk ab, Goldschmiede brauchten länger als Töpfer. Die Ausbildungszeit für einen Koch dauerte 16 Monate, für einen Siegelschneider 4 Jahre und für einen Architekten 8 Jahre.

2.2 Die Ägypter

Unsere wichtigsten Quellen sind archäologische Funde und schriftliche Aufzeichnungen. Inschriften bezeugen zwar „Bücherhäuser" in den Tempeln, doch nur eines, in Edfu, konnte nachgewiesen werden (2.2.3.). Doch *das Bücherhaus ist geheim, nicht wird es gesehen*[114].

In diesem Teil unserer Untersuchung fragen wir nach den künstlerischen und wissenschaftlichen Freiheitsgraden und nach einer eventuell vorhanden Eigendynamik in der Entwicklung der τέχναί und ihre Spiegelung im Götterhimmel.

Die Kunst Ägyptens war Gab- oder Tempelkunst, Reste von Palastbauten sind erst aus der Amarna-Zeit (14. Jahrhundert v.u.Z.) bekannt.

.... Die Grabkunst war für das Grab des Auftraggebers und nicht zum Anschauen oder gar für einen öffentlichen Diskurs bestimmt.

.... Die Tempelkunst hatte ein theologisch–politisches Bildprogramm.

.... Während die Grabmalerei und Reliefs lebendige Szenen zeigen, sind die Statuen wesentlich schematischer und statischer. Erst in der Amarna-Zeit finden wir individuelle Darstellungen.

Diese kurze Skizze gibt uns Hinweise auf Inhomogenitäten, die wir im Folgenden weiter betrachten wollen.

2.2.1 Die soziale Stellung der Arbeiter, Handwerker und Künstler

* Darstellungen in den Gräbern zeigen bereist im Alten Reich (2707 – 2170) Handwerker in der Ausübung ihrer Tätigkeiten[115].

Neben den Bildprogrammen an den Grabwänden gab es in der Ersten Zwischenzeit (2170 – 2020 v.u.Z.) auch Miniaturmodelle häuslicher und handwerklicher Tätigkeiten, die symbolisch die Versorgung der Verstorbenen sicherstellen sollen[116]. Seit dem Beginn des Mittleren Reiches wurden dem Verstorbenen Uschebtis mit ins Grab gegeben. Diese sollten an dessen Stelle die Arbeiten im Jenseits verrichten: *die Felder zu bestellen, die Ufer zu bewässern, ... Ich will es tun, hier bin ich, sollst du sagen*[117].

* Die soziale Stellung der Arbeiter, Handwerker und Künstler war niedriger als die der Beamten, aber höher als die der Landbevölkerung. Letztere bildeten die Basis der sozialen Pyramide. Aber auch untereinander gab es eine gewisse Abstufung: die Schmiede und Metallarbeiter standen höher als die anderen Handwerker da sie besondere Leistungen für die Gesellschaft erbrachten. Am höchsten angesehen unter ihnen waren die Juweliere und Schmuckhandwerker, weil sie die kostbarsten Materialien verarbeiteten und über großes handwerkliches Geschick verfügten. Sie waren ähnlichen Kontrollen unterworfen wie die anderen Metallverarbeiter auch.

Einmalig ist wohl der Aufstieg eines gewissen Seneb, der in der 5. Dynastie (2480 – 2350 v.u.Z.) zum Leiter der Juweliere des Palastes aufstieg und eine Frau aus königlicher Abstammung zur Ehefrau bekam[118]. Er hatte in Giseh eine Mastaba für sein Leben nach dem Tode errichtet, wo er mit seiner Frau und seinen Kindern in einer Statuengruppe in einer Nische dargestellt wurde[119].

Arbeitersiedlungen kennen wir in Giseh, aus dem Alten Reich (2665 – 2155), in Illahun im Fayum, aus dem Mittleren Reich (1991 – 1650), Amarna und Der el Medina, beide aus dem Neuen Reich (1551 – 1080 v.u.Z.). Gegen Ende des Neuen Reiches wurden die Arbeiter aus Der el Medina hinter die Mauern des Totentempels Ramses II. in Mediinet Habu umgesiedelt[120]. All diese Siedlungen waren planmäßig angelegt.

Amenophis I. (1225 – 1205) hat zum Anlegen und Gestalten der Gräber im Tal der Könige und der Königinnen die Arbeitersiedlung Der el Medina gegründet[121],[122]. Über das Leben in der Siedlung sind wir durch die dortigen Funde gut unterrichtet.

In der Zeit der 19. und 20. Dynastien (etwa 1335 – 1090 v.u.Z.) gibt es Berichte von Arbeitsniederlegungen[123],[124]. Diese waren eher Hungerrevolten, vielleicht auch Proteste gegen Unrecht, Ungerechtigkeit, Unterschlagung von Löhnen und Lebensmittelrationen, aber keine Streiks in heutigem Sinne, kein Arbeitskampf gegen „die Arbeitgeber" oder gar ein Klassenkampf wegen Ausbeutung und Unterdrückung.

Kunst und „Wissenschaft" waren in Ägypten anonym. Frei schaffende Künstler oder „Wissenschaftler" sind uns nicht bekannt, sie waren alle „sozial integriert" und arbeiteten unter Aufsicht streng nach Vorgabe und Vorlage, - die freie Gestaltung eines Vorgegebenen Themas, die freie Themenwahl durch den Künstler oder gar eine freie Entfaltung einer künstlerischen Persönlichkeit waren in den geschilderten Strukturen undenkbar. Nach dieser Übersicht stellen wir die Frage nach der Homogenität der ägyptischen Traditionen.

2.2.2 Die künstlerische Freiheit und die Bilderstürme

* Die Geschichte Ägyptens hat Blütezeiten und Einbrüche gekannt. Neben den funktionierenden Strukturen des Alten- des Mittleren- und des Neuen Reiches sind auch die Zwischen- und Umbruchzeiten gefragt: Waren die oben beschriebenen Strukturen zu allen Zeiten gleich stringent? Gab es nicht Zeiten und Bereiche, die nicht oder weniger streng der Kontrolle der Zentralverwaltung unterlagen? Gab es nicht auch andere Auftraggeber als den Pharao oder den Tempel? Wie war das Verhältnis der Palastverwaltung und der Tempelverwaltung zueinander, wie das der verschiedenen lokalen Autoritäten und Tempelzentren zueinander? Haben auch sie alle die gleichen Vorstellungen gehabt und die gleiche Vorgehensweise, waren sie auch alle gleich[125] straff organisiert? Oder sind die Inhomogenitäten Zeichen für eine Eigendynamik der künstlerischen Entwicklung?

* Dem aufmerksamen Betrachter fallen in der Grabkunst Nuancen, ja unterschiedliche Stile und Programme auf. So finden wir etwa unterschiedliche mythologische und theologische Programme neben Szenen aus dem täglichen Leben (die ja auch ein Teil von religiösen Vorstellungen waren). In der Tat, es gab Bereiche mit künstlerischen Abweichungen vom Schablonenhaften, es gab Neuerungen, und Erfindungsreichtum.
Z.B. frei, d.h. nach eigener Vorstellung, ohne fremde Vorgaben gestalteten Kunstwerke kennen wir aus den Arbeitergräbern in Der el Medina, sie zeigen eine Vielfalt von Programmen auf[126]. Besonders schön ausgestattet und erhalten ist das Grab des Sennedjem (19. Dynastie, etwa 1335 - 1205)[127]. Es zeigt den Grabbesitzer in seiner familiären Umgebung und vor dem Phönix von Heliopolis, neu ist der idyllische vertrauliche Stil. Es fehlen die zeremoniellen Szenen und die typischen Elemente der thebanischen Theologie. Diese Bilder zeigen aber auch dass die tägliche Routine eine prägende Wirkung hat, die man auch in der Freizeit nicht ablegen kann.

In den Bild-Ostraka aus den Hütten der Arbeiter im Tal der Könige gibt es nicht nur Ostraka mit einem klaren Bezug zur Arbeit: Listen, Gussformen, Zeichenvorlagen und Entwürfe, die zum Prozess der Herstellung der Dekorationen der Königsgräber gehören. Es gab auch Bildthemen, die in den Königsgräbern nicht vorkommen: Arbeiter beim Ausschlagen eines Grabes mit Hammer und Meißel, Ringer, Übungsbrief, Flötenspielender Affe, ein Hirte, der einen Stier an einem Strick führt, Reiter auf einem Pferd, Darstellungen von Löwen[128].

* Viele Darstellungen der Künstler und der Handwerker bei der Arbeit sind in den Beamtengräbern aus verschiedenen Epochen erhalten geblieben. Die Bilderzyklen zeigen Szenen aus dem täglichen Leben: Die Landwirtschaft, die Herstellung der Lebensmitten, Szenen am Markt, Jagd, Fischfang, Handwerker bei der Arbeit. Die Bilder selbst entstanden nach vorgegebenem Plan, arbeitsteilig unter der Aufsicht eines Vorarbeiters, nicht als individuelle Kunstwerke. Der Plan selbst wurde von einem Beamtenkollektiv erstellt. Die Bilder und Reliefs zeigen die Künstler und Handwerker arbeitsteilig und in Kooperation mit anderen bei der Arbeit und am Werk, nicht als herausgehobene Persönlichkeiten. Diese Darstellungen sind Zeichen einer sozial niederen Stufe[129]. Auch die Kleinplastiken aus den Gräbern zeigen Diener bei der Arbeit: Frauen am Malstein, Bierbrauer, Bäcker am Ofen, Fleischer, Töpfer usw. Die Produkte ihrer Arbeit waren Grabausstattung, sie hatten die realen Grabbeigaben früherer Epochen zu ersetzen[130].
Es gibt Weihgaben, Ostraka und Papyri von „Künstlern" und Handwerkern[131],[132] aber wir kennen keine Künstlerporträts oder Signaturen im alten Ägypten.

* Unkonventionell, von den Zwängen einer verwalteten höfischen Kunst frei sind die Bilder in den Felsengräbern von Beni Hassan[133]. Sie gehören der 11. und 12. Dynastie (2160 – 1788 v.u.Z.), also dem Mittleren Reich an. Die Gräber gehörten den Gaufürsten des 16. oberägyptischen Gaus. Die Bilder zeigen neben wohl konventionellen Themen, wie sie für den Kult erforderlich und aus den Privatgräbern des Alten Reiches bekannt sind, das erste Mal die „Abydosfahrt", eine Pilgerreise nach Abydos, Tiere, Kaufleute, sportliche Darbietungen. Hier finden wir Erfindungsreichtum, inhaltliche und formale Neuerungen in der Malerei. Sicher, auch diese Bilder sind Auftragsmalerei, sind aber nicht schablonenhaft, erstarrt. Wie weit diese Arbeiten nach Vorgabe gestaltet wurden und deren Durchführung überwacht wurde ist uns nicht bekannt.

* In den Königsgräbern West-Thebens fehlt die Freiheit der Themenwahl: Die Bilder stammen als Programm aus der thebanischen Theologie: Prüfung der Seele, Jenseitsreise des Verstorbenen als Reise des Sonnengottes Re, mit dem der verstorbene Pharao identifiziert wurde, Vergöttlichung der Seele. Diese Bilder wirken im Vergleich zu den Bildern aus den Beamtengräbern, aus den Felsengräbern von Beni Hassan oder den Arbeitergräber schablonenhaft, erstarrt, dogmatisch, eben tot. Man merkt, dass die Künstler keinen direkten Zugang zu dem dargestellten theologischen Bildprogramm hatten.

Auch das Grab des Thutmosis III.[134] ist vom Bilderprogramm der Jenseitsreise des Verstorbenen geprägt. Doch daneben gibt es auch eine ganz andere Darstellung: Es ist die selten beachtete Baumgöttin. Vielleicht ist es Hathor als Herrin der Sykomore (Akazie) in Baumgestalt[135], die ihren Sohn Ihi säugt. Man hoffte dass sie dem Toten Wasser und Speise reiche. Sie ist eine volkstümliche Göttin aus der Gegend von Memphis, Rest eines Baumkultes, ohne Verbindung zur hohen Theologie und zum

Bestattungsritual[136], doch eine Göttin, die den Reisenden erquickt[137]. Wer sie in das Bilderprogramm, das sonst von der thebanischen Theologie geprägt ist, hinein gemogelt hat ist unbekannt, aber sicher kein „freischaffender Künstler".

Doch die Sykomore erscheint auch in anderen Gräbern: In einem Pyramidentext[138] wird von "*jener hohen Sykomore am östlichen Himmel gesprochen.., auf der die Götter sitzen*". Im Neuen Reich ist die Sykomore der Lebensbaum, von dem die Götter leben und dessen Früchte auch die Seligen ernähren[139].

* Es gab auch Zerstörungen von Bildern im alten Ägypten. Es wurden Namenskartuschen getilgt, es wurden Statuen und Reliefs zerstört. Es wurden die Denkmäler der Hatschepsut unter ihrem Nachfolger, Tutmosis III zerstört, es wurden der Name des Gottes Amun und Bilder im Amuntempel in Karnak unter dem „Ketzerkönig" Echnaton zerstört, es wurden später Denkmäler der Amarna-Zeit von seinen Nachfolgern zerstört[140].

Aber diese Zerstörungen waren kein Bildersturm, keine spontane Entladung eines Volkszorns über eine „entartete" oder „anstößige" Kunst oder eine Zerstörung von „weltlichen Eitelkeiten". Die Zerstörungen waren ein Mittel eine neue religiöse Bewegung zu stiften oder diese zu zerstören (5.3.2.3.; 10.3.1.2. und 10.3.1.3.); sie wurden „von oben", aus politischen Gründen gesteuert, sie galten der Zerstörung einer Erinnerung, sie waren eine damnatio memoriae,. So finden wir Spuren der Zerstörung im Tempel der Hatschepsut oder des „Ketzers" Echnaton.

Das „Volk" oder ein „kundiges Publikum" hat am Kunstbetrieb keinen Anteil gehabt, nicht in der Wahl der Themen, nicht in deren Gestaltung und auch nicht in der Destruktion.

* Herodot (oder seine Gewährsmänner; 3.3.1.) konnten auf einer Reise durch Ägypten nur die nach außen sichtbare Bilder einiger Tempelanlagen nur flüchtig kennenlernen und nur über diese berichten[141] – wie andere Reisende auch. Für Platon waren wohl diese Berichte über die ägyptische Kunst ein Vorbild (3.6.2.2.1.).

2.2.3 Die „Wissenschaften"

Sicher, es gab Kenntnisse, die von den Priestern und Beamten auch gesammelt und angewandt wurden. Aber ihr Beschreibstoff war das „Papier", ein vergängliches Material, das nur unter günstigen Bedingungen erhalten blieb[142]. Nur in der Tempelanlage von Edfu konnte ein „Bücherhaus" archäologisch nachgewiesen werden. Es war sicher nicht allgemein zugänglich[143].

Den Begriff „Wissenschaften" in unserem Sinne gab es sicher noch nicht. „Forschung" und kreative Neuordnung und Neuinterpretation des bereits gesammelten Materials waren unbekannt.

Auf dem Gebiet unserer heutigen Wissenschaften sind auch keine besonderen Bereiche der Inhomogenität wie besondere Schulen, und nur wenige besondere Leistungen oder hervorragende Einzelpersönlichkeiten oder Entdecker sind bekannt, wie der Baumeister Imhotep[144] (2.2.4.).

2.2.3.1 Mathematik

Der früheste mathematische Papyrus wird auf die Zeit um 1800 v.u.Z. datiert. Die schriftliche Überlieferung ist mit dem Beruf des Schreibers verbunden. Doch die meisten Schreiber waren wohl eher Buchhalter als begabte „Mathematiker"[145].

Doch unter den mathematischen Papyri gibt es auch einen, der ein mathematisches Rätsel enthält, ohne einen praktischen Hintergrund. Hier leuchtet mathematisches Denken auf – und ist nicht eben dies was nicht Beamte, sondern „Mathematiker" tun?[146]

Trotz vieler Legenden, gibt es keine Beweise, dass die Ägypter den „Lehrsatz des Pythagoras" (2.3.4.2.) kannten[147]

2.2.3.2 Kosmologie

Archäologische Quellen zeugen für eine hohe Mobilität im Alten Ägypten: Boote sind die ältesten Verkehrsmittel. Die älteste Darstellung eines Schiffes stammt aus dem 4. Jahrtausend v.u.Z[148]. Bereits im Alten Reich (ca.2700 – 2170 v.u.Z.) existierte ein System von Landwegen: die älteste gepflasterte Straße ist die Widan-el Faras-Straße. Das Rad war seit der 6. Dynastie bekannt. Entlang der Wüstenstraßen wurden Hütten und Wasservorräte angelegt. In den Grabanlagen gab es Darstellungen von Transportszenen[149].

Der früheste Reisebericht stammt von einem Ägyptischen Priester des Amun-Tempels in Theben. Dieser fuhr um das Jahr 1130 v.u.Z. nach Libanon um dort Zedern zu kaufen und berichtet über die Gefahren einer Seereise: Raub und stürmische Winde[150].

2.2.3.3 Medizin

* Ärzte und medizinisches Schrifttum sind seit der 5. Dynastie bekannt[151]. Unsere Quellen sind neben erhaltenen Papyri auch Inschriften und medizinische Instrumente als Grabbeigaben und bildliche Darstellungen[152]. Bekannt sind fünfzehn Papyri medizinischen Charakters[153], doch in den Museen lagern noch weitere unveröffentlichte[154]. Sie stammen zumeist aus der 18. Dynastie, sind aber Abschriften noch älterer Texte. Diese Texte enthalten neben theoretischen und praktischen Teilen auch Beschwörungsformeln. Die Beschreibung der Symptome ist sehr summarisch, die anatomischen Kenntnisse sind rudimentär. Blutgefäße, Harnleiter, Atemwege, alles was irgendwie rohrförmig war, wurde zu einem System zusammengefasst. In diesen Systemen wird auch der Hauch transportiert. Die Themen gruppieren sich um Spezialgebiete wie: Krankheiten der inneren Organe, Augenkrankheiten, Hautleiden, Krankheiten an den Gliedmaßen, Gynäkologie, Chirurgie[155].

Wir können hier nur einige Merkmale erwähnen, zu einer eingehenden Untersuchung des Komplexes „Gesundheitswesen", ihrer Systematisierung und ihrer „Verwissenschaftlichung" reichen unsere Kenntnisse noch nicht aus[156].

Als Heilmittel dienten animalische Körperteile, Teile von Pflanzen, Mineralien oder Produkte, wie Holzkohle, Sägemehl oder Ruß[157]. Die Präparate wurden im allgemeinen oral veabreicht in Form von Absuden, Tees, Filtrationen, Flüssigkeitsmischungen, Elektuaten, Pillen und Tabletten. Zäpfchen und vor allem Klistiere wurden sehr oft verschrieben[158]. Der Arzt selbst stellte die pharmazeutischen Zubereitungen her[159].

Die Rezepte enthalten neben praktischen Ratschlägen (oft mehrere für die gleiche Krankheit) auch Beschwörungsformeln und Gebete.

* Mit dem Heilen waren verschiedene Götter verbunden[160] u.a.: Thot (2.2.4.3.), Isis, Horus[161]. Zum Tempel gehörte auch das „Haus des Lebens"[162], die dort tätigen Ärzte verbanden Heilkunst mit religiöser Zeremonie[163]

* Die gesamte Körperschaft der Mediziner war hierarchisch aufgebaut. Die Sarkophage, die Grabstelen und die Wände der Grabkammern unterrichten uns darüber, dass es »Oberärzte«, »Aufseher der Ärzte«, »Vorsteher der Ärzte« sowie »Anführer der Ärzte« gegeben hat[164]. Es gab auch Ärzte, die wohl in der Beamtenhierarchie hoch genug standen und auch wohlhabend genug waren, um sich ein gut ausgestattetes Grab in prominenter Lage zu leisten. Nicht nur das Amt, auch die Kenntnisse wurden vom Vater auf den Sohn weitergegeben, „Ärzteschulen" sind nicht bekannt.

Obwohl die Mumifizierungstechnik hochentwickelt war und Millionen von Leichen diesem Verfahren unterworfen wurden, besaßen die ägyptischen Ärzte lediglich rudimentäre anatomische Kenntnisse[165]. Von den Balsamierern haben sich die Ärzte ferngehalten, diese beiden Gruppen haben auch keine Kenntnisse ausgetauscht. Die Balsamierer haben den toten Körper ausgenommen, aber nicht seinen Aufbau untersucht und ihre Beobachtungen an die Ärzte weitergegeben[166].

Eine kritische Reflexion der ärztlichen Kunst oder „Maßnahmen zur Qualitätssicherung", wie in Mesopotamien (2.1.2.2.), kennen wir im medizinischen Schrifttum der Ägypter nicht.

* Die Ägyptischen Ärzte standen hoch im Ansehen[167]: Herrscher aus Syrien, Ugarit auch Hethiter und Perser baten den Pharao um ärztlichen Beistand[168]. Unter Amenophis II. (1428 – 1397) behandelte Nebamun, der Leibarzt des Pharao, einen syrischen Fürsten. Der hethiter Hattuschili bat Ramses II. um ärztlichen Beistand und Medikamente[169].

Homer sang über Ägypten[170]: *Fern in Aigyptos, wo der fruchtbare Boden sehr viele / Kräuter hervorbringt, nützliche, schädliche, wirr durcheinander./ Jeder ist dort ein Arzt, der an Kenntnis die übrigen Menschen / weit übertrifft.* Inschriften nennen Spezialisten: *Augenarzt des Palastes* oder *Baucharzt des Palastes*, und eine hierarchische Gliederung: z.B. *Oberster der Ärzte*[171]. Auch Herodot berichtet: *Die Heilkunde wird bei ihnen von Spezialärzten versehen. Jeder Arzt behandelt nur eine Krankheit und nicht mehrere. Ärzte aber gibt es überall in Menge; es gibt Ärzte für die Augen, den Kopf, die Zähne, den Magen und Ärzte für innere Krankheiten*[172,173].

2.2.3.4 Bildung

Es war üblich, aber nicht zwingend, dass die Söhne von Handwerkern den Beruf ihres Vaters ergriffen. Neben der Erziehung in der Familie gab es im Neuen Reich zunehmend öffentliche Schulen. Eliteschulen für die Söhne der höchsten Beamten gab es in den Palästen. Ihre Erziehung hat sich an der Weisheitsliteratur orientiert. Die Mädchen wurden kaum zur Schule geschickt. So etwas, wie „Freiheit der Lehre" war unbekannt.

Bekannt und berühmt wurden besonders Weise unter den Beamten (es gab Listen von Weisen), wie Imhotep, Djedefhor (Altes Reich, Sohn des Cheops, 4. Dynastie), Ptahhotep (Altes Reich, 5. Dynastie) oder Chemni (Altes Reich, 6. Dynastie). Ihnen werden Weisheitsbücher zugeschrieben[174], die Lebensregeln vermitteln, praktische und nützliche „Benimm-Dich-Regeln" für den „Weg des Lebens", Regeln die das Leben reibungsfrei machen, bezogen auf die soziale Ordnung der Menschen, die Familie, die Sippe, die Dorfgemeinschaft, das Amt, den Vorgesetzten, den König: sie sind nicht nur konformistisch[175], sondern zum Teil ausgeprägt loyalistisch. Es wird von Alleingängen gewarnt, mit dem bildhaften Hinweis auf das Krokodil, das nur einsame Wanderer angreift. Die Lehren berufen sich, schon im Mittleren Reich, auf die „alten Schriften", aber deren Weisheit ist „durchgeseiht", kritisch geprüft. Es ist das erste Mal, und nur auf diesem Gebiet, dass ein kritisches Bewusstsein literarisch dokumentiert ist.

Die Ansichten und Einstellungen zu den artes spiegeln sich aber auch in der Welt der Götter.

2.2.4   Der Götterhimmel

Jeder Gott eines Gaues besaß eine Kosmogonie, von der aber oft nur spärliche Spuren erhalten sind. In unserem Zusammenhang sind drei besonders interessant: Ptah, Chnum und Thot. Imhotep interessiert uns als vergöttlichter Baumeister[176].

2.2.4.1 Ptah

Der Name bedeutet Bildner, Öffner. Seine Zunge gestaltet, was sein Herz erdacht hat. In der Theologie von Memphis ist er Urgott und Schöpfer von Himmel und Erde und von allem was darin lebt und kreucht, der die Städte bildete und die Gaue einrichtete aber auch die Götter entstanden aus seinen Gedanken und seinen Händen. Er ist es, der die Kunstwerke bildet und den Göttern ihre Kapellen einrichtet. Er ist aber auch Herr von Recht und Wahrheit.
Ptah wurde besonders in Memphis[177], wo er etwas abgelegen einen kleinen Tempel hatte, seit der 2. Dynastie bis in die Römerzeit verehrt. Ihm wurde im NR von Thutmosis III. (1479 – 1425) im Zentrum des Aton- Kultes in Karnak eine Kapelle und von Sethos I (1304 – 1290) in seinem Totentempel bei Abydos eine Kammer geweiht. Inschriften bezeugen dass Ramses II (1290 – 1224) ihm, Ptah, geopfert hat. Er ließ Ptah im Allerheiligsten seines Tempels in Abu Simbel neben Amun, Re-Harachte und ihm selber auf einer Bank sitzen.
Ptah war zwar Schutzherr der Monarchie, blieb aber neben dem lichten Re und Aton eher ein etwas „plebeiischer" Gott, zwar mit dem Zepter in der Hand, aber ohne Krone auf dem Kopf.
Interessanterweise wurde der Tempel neben dem bereits erwähnten (2.2.1.) Künstlerghetto in Der el Medina (Neues Reich) nicht Ptah sondern der Regionalgöttin Hathor, Göttin des Westens, geweiht. An ihrem Fest durften die Arbeiter teilnehmen und erhielten Freibier. Von ihnen verehrt wurde auch Merethseger, Personifikation der Bergspitze des thebanischen Westgebirges und Schutzgöttin der Nekropole (2.2.4.5.). In der Nähe des Dorfes gab es mehrere Kapellen und Tempelchen, die Amenophis dem I. geweiht waren. In diesen wurde von den Bewohnern der Siedlung Amenophis I als Gründer und Schutzherr der Siedlung verehrt. Dazu hatten die Bewohner des Dorfes Der el Medina ihre eigenen, nebenamtlichen Kultbeamten, Wedelträger, Träger des Gottes, Vorlese- und Reinigungspriester[178].
Zum Kult des Ptah im nahen Karnak und zur hohen Theologie hatten die Handwerker von Der el Medina keine Verbindung.
Die Griechen haben Ptah mit Hephaistos gleichgesetzt.

2.2.4.2 Chnum

Ein Gott, der bildet und schafft, ein Schöpfergott aus Oberägypten[179], ähnlich dem Ptah. Chnum hat auf der Töpferscheibe alle Formen der Welt modelliert. Jedes neugeborene Kind gilt als sein Werk, in den Geburtskapellen schafft er den Ka des Kindes auf der Töpferscheibe: Chnum ist ein Bildner, der belebt. Doch er wird nicht mit den Handwerkern in Verbindung gebracht.

2.2.4.3 Thot

Ist mit dem Schöpfermythos von Hermopolis verbunden. Er hat mit seinem Wort die Welt erschaffen. Er ist die Zunge des Ptah, Schöpfer des geistigen Lebens. „Herr der Zeit " und „Rechner der Jahre", er hat die Zeit in Monate und Jahre aufgeteilt. Er hat die Schrift erschaffen und den Menschen das Schreiben und das Rechnen gelehrt. Er ist der Schreiber der Götter und fertigt die Götterdekrete aus. Ihm zu Seite steht Seschat, Göttin der Schrift. Wird ein neuer Tempel gebaut, so steckt der Pharao mit ihm den Grundriss auf dem Erdboden ab. Thot ist Schutzgott der Schreiber[180], ihm haben sie vor Arbeitsbeginn geopfert. Thot war auch Schutzgott der Ärzte[181]. Im Totenkult hat er als göttlicher Notar eine wichtige Rolle gespielt. Die Griechen haben ihn mit Hermes gleichgesetzt.

Etwa im 1. Jahrhundert u.Z. verschmolzen die Götter Ptah, Chnum und Thot mit Hermes zu Hermes Trismegistos. Er ist der Verfasser theologischer Offenbarungen, aber auch der mythische Begründer der Alchemie.

2.2.4.4 Imhotep

Imhotep war Hohepriester des Sonnengottes von Hierapolis, Wesir von Pharao Djoser (3. Dynastie, 2624-2605) und Baumeister der Stufenpyramide mit dem zugehörigen Tempelbezirk von Sakarra[182]. Der Komplex war das erste Bauwerk das in behauenen Stein ausgeführt werde, doch einzelne Komponenten deuten auf Vorbilder mit vergänglichem Material hin.
Im Mittleren Reich werden ihm Weisheitssprüche zugeschrieben. Im Neuen Reich wird er als Weiser oder Magier verehrt und gilt auch als Schutzpatron der Schreiber -- und nicht der Bauleute. In der Saiten-Zeit (26. Dynastie, 664- 525) wird er vergöttlicht und als Sohn des Ptah bezeichnet, und unter den Ptolemäern gilt er als Arzt. Es war eine nicht ganz konsistente Karriere. Die Interpretatio Greca hat ihn mit Asklepios gleichgesetzt.

2.2.4.5 Meresger

Meresger oder auch Merit-seger, „die die Stille liebt" ist aus dem Gebiet der thebanischen Totenstadt bekannt. In ihrer Kultstätte, in der Nähe von Deir el Medina (2.2.1.) wurde sie neben dem „Ptah des Tales der Königinnen" und der thebanischen Hathor verehrt. Diese gehörte einer Kultgemeinschaft der Nekropole, sie gehört der späten 19. und der 20. Dynastie an. Sie war zunächst wohl Herrscherin des Westens und Schutzgöttin der Toten, dann wurde sie Nothelferin der Leute, die wegen ihres Berufes in der Nekropole lebten. Die Weihungen berichten in schlichter Sprache von der Macht der Göttin Unrecht und Ungerechtigkeit zu strafen, von ihrer Hilfe aus Not und Krankheit. Im Übrigen hat sie keine gesicherten Spuren in der Überlieferung hinterlassen[183].

2.3 Die Griechen

* Sowohl Ägypten, als auch Mesopotamien standen in einem Austausch miteinander und mit ihrer Umwelt (2.1. und 2.2.); sowohl die Herrscher von Ägypten, als auch die Herrscher der Reiche Mesopotamiens haben versucht ihre Machtbereiche auf Kosten ihrer Nachbarn auszudehnen. Doch keines dieser Reiche hat eine Politik der Kolonisation betrieben, die mit der griechischen vergleichbar wäre.
Es waren die ersten Anfänge in einem Prozess einer „Globalisierung" der bekannten Welt[184], nur ökonomisch, auch intellektuell aber nicht machtpolitisch (3.1.1.; 4.1.1.).

* In den alten Reichen von Mesopotamien gab es eine Weisheitsliteratur (2.1.2.) und in Ägypten wurden legendären Beamten des Alten Reiches Weisheitsbücher zugeschrieben (2.2.3.4.). Auch die Griechen sammelten markante Sprüche und Merksätze, die sie den „Sieben Weisen" zuschrieben. Die überlieferten Listen nennen teilweise verschiedene Personen, insgesamt sind 23 Namen bekannt[185].

Auch wenn die früheste Sammlung ihrer Sprüche erst ins 4. Jahrhundert v.u.Z. zu datieren ist, sie bewahren wohl ältere Einstellungen. Es sind lakonisch formulierte Lebensregeln, Normen des Verhaltens. Interessant für uns sind die Einstellungen zu (autonomen) Wissen, zur Kunstfertigkeit und Weisheit: *(Es ist besser) nach Wissen strebend als unwissend; (Besser) vielwissend als unwissend*[186], oder *strebe nach Weisheit*[187], oder *gebrauche Kunstfertigkeit (τέχνη) / handle professionell*[188]. Ein Erkenntnis-Skeptizismus klingt bei Solon an: *Kaum je erfasst man das tief verborgene Maß der Erkenntnis; / dieses allein enthält aller Entscheidungen Ziel. Völlig verborgen bleibt den Menschen die Absicht der Götter*[189].

Ausblick: Die „Sieben Weisen" und ihre Sprüche wurden Ikone der altgriechischen Lebensweisheit und es gab einen bis in die Kaiserzeit und die Spätantike andauernden gesellschaftlichen Diskurs über ihre Maxime. Diese bilden in der Überlieferung ein unentwirrbares Gemisch von Legenden. Da sie als Zeitgenossen galten, wurden ihnen Briefe, Zusammenkünfte und Symposien zugeschrieben (4.1.2.5.). Als Symbolfiguren haben die „Sieben Weisen" einen bedeutenden Einfluss auf die populäre Ethik und Bildung ausgeübt[190] (4.1.2.3.). Die erkenntnistheoretische Skepsis wird und im Absatz 4.2.3. weiter beschäftigen.

2.3.1 Die griechische Mythologie

Wie in Mesopotamien und Ägypten, so sind auch in der griechischen Geisteswelt sind „Wissenschaft", Literatur und Mythologie vielfältig miteinander verwoben: Mythologische Einschübe, Reflexionen und Begründungen sind Topoi, „antike Umgangssprache"[191], um komplexe Zusammenhänge zu deuten. Wir finden sie z.B. bei Herodot, Euripides, Aristophanes, aber auch bei Platon und Aristoteles[192].
Neben den Texten gibt es vom 6. Jahrhunder v.u.Z. an auch bildliche Zeugnisse einer Verbindung der Götter mit den τέχναι[193]. Weihgaben in Heiligtümern mit Motiven der griechischen Mythologie sind auch für unsere Untersuchung interessant, da fast alle Künste mit den Göttern in Verbindung gebracht wurden[194] (3.1.1.8.3.).
In der griechischen Mythologie ist diese Verknüpfung zwischen den τέχναι und den Göttern recht kompliziert, die Götter sind einerseits Erfinder und Kulturbringer[195]. Doch ihre Verbindungen zu den τέχναι reflektieren zum Teil widersprüchliche Einstellungen.

* Ausblick: Die Mythen waren Gegenstand eines breit geführten und lang anhalten-
den gesellschaftlichen Diskurses. In diesem Diskurs finden wir vom frühen 6. Jahrhundert v.u.Z. an Spuren einer skeptischen Einstellung zu einer mythologischen
Deutung der Welt (2.3.4.1.; 5.1.6.2. und 7.5.1.5.).
Die Sophisten haben wohl einen gesellschaftlichen Diskurs über die Götter und die
Mythologie angestoßen (3.2.1.). Nach Platon war Sokrates skeptisch gegen Versuche der Naturphilosophen (2.3.4.1.) Mythen rationalistisch zu deuten (3.6.1.3.2.).

2.3.1.1 Athene

In der Genealogie des Hesiod ist Athene eine Tochter des Zeus. *Sie ist die weitaus
Klügste unter den Göttern und sterblichen Menschen, … glänzte an Künsten vor allen anderen, die im Olymp die Paläste bewohnen*[196]. Sie hilft Helden, die ihr durch
ihre Klugheit sympathisch sind, z.B. dem Odysseus.

Zunächst war sie Kriegsgöttin dann Friedensstifterin. Als Friedensgöttin lehrt sie den
Menschen Zucht und Bändigung der Rosse, Wagen-, und Schiffsbau, bringt den
Menschen Pflug und Rechen, Spinnrock und Webstuhl. Von den Handwerken be-
schützt sie neben den Frauenarbeiten die Schmiede und Erzgießer. Als Athena –
Ergane ist sie Lehrerin der handwerklichen Kunstfertigkeiten. Bereits bei Homer ist
sie Helferin bei verschiedenen Kunstfertigkeiten: Spinnen der Wolle und Weben,
Schiffsbau, Skulptur[197].

Auch die Flöte ist ihre Erfindung, aber nicht ihr Musikinstrument, sie probierte diese,
warf sie weg, weil das Flötenspiel das Gesicht entstellt. Marsyas fand die Flöte, spielte darauf und wurde stolz auf seine Virtuosität. Marsyas forderte Apollo zu einem
musikalischen Wettstreit heraus, doch den Streit gewann Apollo und hat den
Marsyas an eine Fichte hängen lassen und zog ihm die Haut ab[198]. Eine Warnung:
Neue Musik und ein neues Musikinstrument können Konflikte hervorrufen (9.2.2.2.).

2.3.1.2 Apollo und die Musen

* Apollo ist der Sohn des Zeus und der Letho, Bruder der Artemis, Vater des Asklepios und des Orpheus. Viele religiöse Vorstellungen werden mit Apollo in Verbindung
gebracht: Er ist ein Hirtengott, aber als „Apollo Archegetes" auch Gründer der Städte
und Kolonien (2.3.4.1.). Er gibt den Städten weise Verfassungen, ist Herr der Weis-
sagung von Delphi. Er weiß um die Zukunft, er ist Künder der Wahrheit. Er straft,
aber reinigt auch, wehrt Unheil ab und er ist ein Gott des Todes. Seine Erfindung ist
die Heilkunst und die Kräuter sind ihm untertan. Sein Instrument ist die Lyra.
Im klassischen Zeitalter wurden Musik, Poesie, Philosophie, Astronomie, Mathematik, Medizin, Naturwissenschaften Apollo zugeordnet.
Er trat für Mäßigung in allem ein und ruft zu Selbsterkenntnis auf. Pausanias berichtet über die Lebensweisheiten, die dem Apollo gewidmet waren: *Erkenne dich selbst*
und *Nichts in Übermaß*[199]! Es sind Mahnungen gegen Selbstüberschätzung, Hybris,
die sowohl in der Mythologie, von den Sophisten, von den Tragikern als auch von
Sokrates zitiert werden (2.3.1.5., 2.3.1.6., 2.3.1.7., 3.1.1.8.3., 3.2.1., 3.3.1., 3.3.2.,
3.4.1., 3.4.3., 3.4.4. und 3.6.1.2.1.).

Hier interessiert uns Apollo auch als Musagetes, der Führer der Musen.

* Die Musen, die Rühmenden (Ruhm durch Gesänge verbreiten), waren Töchter des Zeus mit Mnemosyne (Gedächtnis, Erinnerung, eine Tochter des Uranus und der Erdgöttin Gaia). Die 9 Schwestern bildeten ein Chor, der mit Gesang die Göttermahle im Olymp begleitete.

Sie inspirierten die Dichter zum künstlerischen Schaffen, standen ihnen belehrend und hilfsreich zur Seite:
.... Homer hat die Musen um Inspiration gebeten: *Sag mir den Mann o, Muse, ...*[200]
.... Auch Hesiod (2.3.2.2.) rief eingangs der Theogonie die Musen um ihren Beistand an, doch die Musen haben ihn gewarnt: *Leicht ist es uns, viel Trug zu verkünden, als wäre es Wahrheit, leicht auch, wenn wir nur wollen, reine Wahrheit zu sagen. Sprachen`s, die Töchter des großen Zeus, vollkommen im Reden*[201].
Spuren dichterischer Freiheit haben wir im Bildprogramm der thebanischen Königsgräber und in der altägyptischen Reiseliteratur (2.2.2.) gefunden. Die dichterische Freiheit wird bei Hesiod als die Freiheit der Musen artikuliert.

Sie waren zunächst nicht spezialisiert, erst spät wurden sie mit dem Umkreis der bei den Griechen als musisch geltenden Künste und Wissenschaften verbunden[202]:
Erato : Muse der Lyrik, mit einem Saiteninstrument.
Entepe : Muse der Lyrik, mit der Doppelflöte.
Kalliope : Muse der epischen Dichtung und der Wissenschaften.
Kleio : Die Ruhmspenderin, Muse der Geschichtsschreibung.
Melpomene : Muse des Gesanges und der Tragödie.
Polyhymnia : Muse des ernsten, Instrument begleiteten Gesanges.
Terpsichore : Muse des Tanzes.
Thalia : Muse der Komödie.
Urania : Muse der Astronomie.
Diese Verbindungen sind aber je nach Quelle, nicht ein-eindeutig. Diese „musischen Fächer" waren auch die Fächer der Schulbildung bis in unsere Zeit.
In der griechischen Mythologie brachte Apollo die Musen von ihrer Heimat auf dem Berge Helikon nach Delphi, zähmte ihre Wildheit und wurde ihr Vortänzer in strengen und feierlichen Tänzen.

Die Stätten ihrer Verehrung nannte man Museion. Dies waren zunächst Berghöhen, Haine oder Grotten, immer mit einem Altar, selten mit einem Tempel. Museion wurden auch ihre Feste und die Opfer beim Musenkult genannt, später auch die Schulfeste[203]. In einem Museion wurden Standbilder besonders inspirierter Männer aufgestellt. Auch literarische Zentren sahen in den Musen Quellen der Inspiration: Chios für Homer, Paros für den Dichter Archilochos und Smyrna für Mimnermos. Schulen konnten mit einem Altar den Musen zugeeignet werden. Auch philosophische Schulen oder wissenschaftliche Institute wurden als Museion gegründet und legitimiert (3.4.3., 3.6.2.1.3.; 4.1.1. und 4.2.2.).

* Ausblick: Die Warnung der Musen vor nur *vollkommenen Reden* markiert die Grenze zwischen Sophistik (3.2.1.) und Philosophie (3.2.4. und 3.6.2.1.1.). Ihre Freiheit, in vollkommenen Reden Trug oder Wahrheit zu verkünden, provozierte insbesondere zu Zeiten eines Umbruchs einen gesellschaftlichen Diskurs. Diesem Diskurs entspringen sowohl Kunstkritik (2.3.2.3.; 3.3.2.; 3.4.3., 3.5.2.3., 3.5.3., 3.6.1.2.2., 3.6.2.2.1., 3.6.3.5., 3.6.3.7.; 4.1.2.2.6., 4.3.3.3., 5.1.2.; 5.1.3.3.; 5.3.1.; 5.3.2., 5.3.2.3.2., 6.2.5.1.2., 7.1.2.2., 7.1.5.; 7.5.1.3.; 8.3.3.1.; 9.2.2.3. 10.3.1.2. und

10.3.1.4.), als auch Kunsttheorie (3.1.1.9., 3.6.3.7., 4.3.3.3., 10.3.1.1., 10.3.1.5. und 10.3.1.5.1.).

2.3.1.3 Hephaistos

Mit Hephaistos verbanden sich in der Mythologie die vielschichtigen Aspekte der τέχναί. Sohn des Zeus und der Hera, doch seiner Herkunft nach war er offenbar ungriechisch. Er stammte von der Insel Lemnos, wo sich bis ins 6. Jahrhundert v.u.Z. eine eigenständige nicht griechische Bevölkerung hielt. Zu seiner Gefolgschaft gehörten die Kabiren, geheimnisvolle Schmiedegötter. In Griechenland war seine Verehrung wenig verbreitet, er hatte nur in Athen mit Athene gemeinsam einen Tempel.
In der griechischen Mythologie hat er ambivalente Züge: Hephaistos war ein Außenseiter unter den olympischen Göttern. Er war von hässlicher Gestalt, hatte verkrüppelte Füße, sein Element war das Feuer, doch er war kunstfertig[204]. Homer nannte ihn den *ruhmvoll Hinkenden*[205]. Dieser Hinkende war der kunstfertigste unter den Göttern, seine Vielseitigkeit war ein Korrektiv zu seinem Gebrechen: Er war der göttliche Schmied, aber auch Schöpfer von Wundergebilden wie der Waffen des Achill. Aber auch das „Schöne Übel" (Pandora, die alles gebende) war sein Werk (2.3.2.2.). Hephaistos, der Schmied der Götter war es, der den Prometheus, auf Befehl des Zeus, im Kaukasus, dem Zentrum der „Montanindustrie" der Frühgeschichte (s. Einleitung zu diesem Kapitel), an den Felsen gekettet hat.
Er hat auf Befehl des Zeus auch Pandora geschaffen, um den Diebstahl des Feuers durch Prometheus (2.3.1.6.) zu bestrafen --- an den Menschen. Die Götter verliehen Pandora besondere Gaben: Pallas Athene gab ihr die Weisheit, Aphrodite ihr die Schönheit usw. Zeus gab ihr ein Tongefäß, das alle Leiden enthält. Hermes hat sie zu den Menschen geführt und sie öffnete das Gefäß (die „Büchse der Pandora") und alle Übel kamen über die Menschen.

* Im „homerischen Hymnus" auf Hephaistos erscheint dieser, anders als in den Epen Homers und Hesiods, als Kulturbringer: *Muse mit heller Stimme! Hephaistos, den ruhmvollen Denker, / preise im Lied! Mit Athene, der eulenäugigen Göttin, / lehrte er herrliche Werke die Menschen auf Erden, die früher / hausten wie Tiere in Höhlen der Berge. Doch jetzt in der Lehre / jenes ruhmvollen Künstlers Hephaistos lernten sie schaffen, / bringen sie leicht ihre Zeit dahin bis zum Ende des Jahres, / leben in Ruhe und Frieden in ihren eigenen Häusern. / Ja, sei gnädig Hephaistos! Verleihe Tugend und Wohlstand!*[206]
Erzählungen von Göttern und Heroen konnten gezielt eingesetzt um religiöse und politische Positionen zu vertreten[207]. Auch in einem der Mythen Platons (3.6.2.1.5.) erscheint Hephaistos, ebenfalls zusammen mit Athene Ergane, als Kulturbringer: beide erhielten Attika, sie teilten *die Liebe und Weisheit zur Kunst* im athenischen Land[208] (3.1.1.2. und 3.6.2.2.3.).

2.3.1.4 Die Daktylen

Die Mythen über die Daktylen, wörtlich Däumlinge, zeugen von der Entstehung der Metallurgie in einer grauen Vorzeit. Sie gehören zum chthonischen Götterkreis, zu der Erdgöttin Rhea, Tochter des Uranos und der Gaia. Diese gab den Menschen ihre Reichtümer, speziell die Bodenschätze. Die Daktylen sind Personifizierungen der Finger und kunstfertige Zwerge, die im kretischen oder kleinasiatischen Idagebirge das Eisen entdeckten und es als erste schmiedeten. Nach der Legende soll Pythagoras (2.3.4.2.) von den „Idäischen Daktylen" eine Weihe erhalten haben[209].

2.3.1.5 Daidalos

Daidalos war Baumeister, Künstler, Erfinder des Kunsthandwerks aus Athen. Sein Neffe und Lehrling erfand Zirkel, Säge und Töpferscheibe. Daidalos hat ihn aus Neid ermordet und floh nach Kreta. Im Sagenkreis des Minos baute er für Pasiphae eine hölzerne Kuh, und für den Minotaurus, den Pasiphae vom Stier empfing, das Labyrinth, um den Schandfleck vor der Welt zu verstecken. Daidalos war der Künstler schlechthin, er galt als bedeutender Bildhauer, der zuerst die steife Haltung der Figuren überwand; deshalb wurde die früharchaische Plastik (7. Jh. v. u. Z.) auch als dädalisch bezeichnet.

Besonders interessant für unsere Untersuchung ist der märchenhafte, ja utopische Aspekt in der Anwendung einer listigen Technik: Mit Hilfe von aus Federn und Wachs hergestellten Flügeln entfloh Daidalos mit seinem Sohn Ikaros vom minoischen Kreta und gelangte nach Sizilien[210]. Die aus der Mythologie bekannte Strafe an Ikaros betraf aber eher den Leichtsinn (Überheblichkeit, Anmaßung) des Sohnes (der ja zu hoch fliegen wollte und, trotz Warnung des Vaters, der Sonne zu nahe kam), als die Hybris des Vaters, der das Problem der Flucht löste.

Die früheste literarische Erwähnung des Mythos stammt aus dem 5. Jahrhundert v.u.Z., doch es gibt künstlerische Darstellungen aus dem 6. Jahrhundert v.u.Z.[211]. Der Mythos wurde erst in der römischen Literatur und Kunst populär: Vergil und Ovid erwähnen ihn und die römischen Maler haben ihn aufgegriffen[212].

Der utopische, ja märchenhafte Traum vom Flug wurde erst von Roger Bacon (9.1.7.1.6.) und dann von Leonardo da Vinci (10.3.4.6.) wieder aufgegriffen und im 17. Jahrhundert vielfach diskutiert (10.3.4.6.).

Die Warnung vor der vermessenen Tat kennt auch Sokrates (3.6.1.2.1). Sie kann aber auch heute noch reaktionär den utopischen Aspekt der Technik abwertend meinen.

2.3.1.6 Prometheus

Zeus war der Gott der gerechten Lebensordnung. Die Künste waren darin nicht vorgesehen, Zeus hat sie dem Menschen vorenthalten. Es war Prometheus, der Sohn des Titanen Iapethos und der Klymene, Bruder des Atlas, Feind des Zeus und Helfer der Menschen, der ihnen das Feuer brachte und im 5. Jahrhundert v.u.Z., in einer Tragödie des Aischylos (3.4.1.), auch die Künste. *Hört, welch Leiden einst / die Menschen beugte, Träumer sonst und stumpfen Sinns, / Die geistesmächtig und bewusst ich werden ließ*[213]. *... Ziegelbau der Häuser, ... Zimmerer`s Kunst, ... der Sterne schwerverständlichen Auf- und Niedergang. Auch die Zahl und die Schrift waren seine Gaben*[214] (3.1.1.5.).

Prometheus weiß um das Planen, beherrscht die „listigen Künste", insbesondere die Kunst des Betrügens, aber Zeus, Gott der gerechten Ordnung, strafte ihn für seine Hybris in dem er ihn an einen Felsen ketten ließ (2.3.1.3.). Ort des Geschehens war der Kaukasus, das „Zentrum der frühen Montanindustrie".

In der Mythologie ergänzte Zeus die Gaben des Prometheus zum Leid für die schaffenden Menschen[215] durch die seine: die „Büchse der Pandora" (2.3.1.3.). Prometheus („Vorbedacht") wollte durch seinen Bruder, Epimetheus („Nachbedacht"), die Menschen warnen von Zeus ein Geschenk anzunehmen[216] (2.3.2.2.) *dass nicht ein Übel die sterblichen treffe, ... aber er vergaß was Prometheus ihm geraten*[217].

Ausblick: Die „Gaben des Prometheus" boten immer wieder Gelegenheit kulturelle Leistungen kritisch zu reflektieren. Der Mythos des Prometheus wurde daher immer wieder neu gedeutet (3.4.4.): Von Protagoras (3.2.1.), Aischylos (3.4.1.), Sophokles (3.4.2.). Platon verwendete das Motiv nur indirekt, indem er den Mythos durch Protagoras berichten und in einem Dialog diskutieren ließ (3.6.2.2.2.). Die Kyniker (4.2.4.) lehnten die Gaben des Prometheus ab. Auch in den Satyrspielen (4.3.4.5.) und bei Ovid (4.1.2.7.3.) erschienen diese als zweifelhaft und fragwürdig.

2.3.1.7 Asklepios

Bereits bei Homer ist Asklepios der untadlige Meister der Heilkunst[218]. „Der unvergleichliche Arzt" in der Ilias, ausgebildet vom weisen Kentauren Chairon[219], übernimmt später die Rolle Apollos als Gott der Heilkunde. Bei Hesiod ist Asklepios ein Sohn des Apollo[220], Chiron lehrte ihn die *sanfthändige Kunde der Heilkräuter*[221]. Durch die Erweckung von Toten erregt er den Zorn des Zeus, der ihn für seine Hybris mit einem Blitzstrahl vernichtet hat[222,223,224].

Das älteste Asklepios–Heiligtum stand in Thessalien. Sein Kult nahm im 5. Jh. vor unserer Zeit einen mächtigen Aufschwung und breitete sich über Athen, den Peloponnes und die Dodekanes aus. Das bedeutendste Zentrum war Epidauros. Von hier aus wurden weitere Tochterkulte gegründet. Diese Zentren waren Wallfahrtsorte und Sanatorien zugleich. Die Therapie beruhte auf Inkubation (Heilschlaf - und nicht Heilkräuter!) und Traumdeutung. Votivtafeln berichten von Wunderheilungen.

Die Ärzteschule des Hippokrates (2.3.4.3.) auf der Insel Kos sah sich in der Nachfolge des Asklepios (2.3.4.3.). Der Kult des Asklepios überdauerte den fast aller anderen Götter bis in die Spätantike[225] (4.1.1.4., 4.1.2.1.4., 4.2.3. und 4.3.1.2.).

2.3.2 Die Mysterien

* Die ältesten Mysterien, von denen wir einige Kenntnis haben, sind die vom Eleusis. Sie sind verbunden mit Demeter und ihrer Tochter Persephone[226] und der Kunst der Feldbestellung. Die Stadt Athen hat sich des Kultes besonders angenommen. Der Kult hat im Leben der Stadt eine besondere Rolle gespielt, aber ihre Anhänger kamen aus allen Teilen der griechischen Welt.

Die Mysterien von Eleusis kannten drei Stufen zur Erleuchtung: Die Initiation, dann die Einweihung, sie ist die Voraussetzung der dritten Stufe, der Epoptie, der Schau. Diese enthält die Wortverkündigung, die Kenntnis der Kultsymbole und der Kulthandlungen, in denen die Gottheit „geschaut" wird. Erst an dieser Stufe tritt der Myste in Verbindung mit der Gottheit, wird Teilhaber an ihrem Geschick und ihren Gaben.

Eine ähnliche Struktur hat Platons (3.6.2.) Lehre von der Wahrheit, die Seele wird nach mehreren Stufen des Emporsteigens der Wahrheit, d.i. die Idee der Wahrheit und des Guten, teilhaftig – und das Wesen dieser Teilhabe ist die „Schau".

* Eine ganz andere Welt bilden die Mysterien des Dionysios. Er ist der Gott der unkultivierten Natur, der Wälder und der wilden Tiere und der Extase. So wird Dionysios zum Gott des Rausches und des Weines. Die Mysterien des Dionysos wurden zunächst verfolgt, haben sich aber in hellenistischen und der römischen Zeit einer besonderen Beliebtheit erfreut. Mit dem Kult des Dionysios sind die Anfänge des griechischen Theaters verbunden (3.1.1.4.).

Mit den Mysterien des Dionysios sind die Mysterien des Orpheus verwandt, die beiden sind kaum zu trennen. Die orphische Theologie hat in der griechischen Literatur einige Spuren hinterlassen[227].

2.3.3 Die Dichtung

Der weise Solon (2.3.) warnte: *Oftmals lügen die Sänger*[228]. Doch sie sind für uns wichtige Zeitzeugen, wenn es um Meinungen und Einstellungen zu den τέχναί geht.

Die frühesten Zeugnisse griechischer Dichtung sind, neben den Versinschriften, die Epen Homers und Hesiods[229]. Bereits in diesen sind wichtige Aspekte der Einstellungen gegenüber den τέχναί zu einer frühen Zeit erkennbar:

.... In der Fülle der Versinschriften, Weihgaben in Heiligtümern, Inschriften, Signaturen, bildliche Darstellungen und Nachrichten, finden wir auch Anmerkungen über gesellschaftlichen Umgang der τέχνιτης so wie Berufungen oder Ehrungen[230],[231] (3.1.1.8.3.).

.... In den Epen werden gelungene Leistungen gewürdigt [232], selbst in der bellikosen Ilias fehlt der Abschätzige Ton, die τεχνίτης werden wegen ihrer Tätigkeit nirgends gesellschaftlich gering geachtet oder charakterlich niedrig eingeschätzt. Was offenbar zählt ist die Leistung. Die Dichotomie des Eifers zur Leistungssteigerung wird nur bei Hesiod ethisch bewertet, nicht aber bei Homer.

.... Doch die τέχναί werden schon sehr früh dichotomisch gesehen: τέχνη kann listig und betrügerisch sein[233], können zum Guten und zum Bösen eingesetzt werden.

Auch die idyllische Schilderung des Landlebens (2.3.2.1. und 2.3.2.2.) können wir bereits in den epischen Dichtungen erkennen.

Die Schrift bekam im gesellschaftlichen Diskurs um die τέχναί ab dem 5. Jahrhundert v.u.Z. eine gesteigerte Bedeutung (3.2.5.).

2.3.3.1 Homer

* Homer hat in seiner Ilias die Leitgedanken der Geschichtsbetrachtung bei den Griechen (3.3.) präformiert:
.... Den Gegensatz von Ost und West, das Ringen zwischen „Pan-achaier" und Troer und ihren Hilfsvölkern; und
.... die Orientierung am Vergangenen.

Was Letzteres betrifft, vertrat Homer den Gedanken einer geschichtlichen Dekadenz: wir Heutigen sind gegenüber der älteren Zeit abgesunken. Er hat die Vorwelt als etwas Größeres, Höheres gewertet als die Welt, in der er lebte. Schon seine Helden leben in einer höheren Welt als er selber, aber auch diese sprechen von einer noch älteren Vorwelt, der gegenüber sie selbst sich als abgesunken empfinden. So ragt die Gestalt Nestor in die Zeit des Ilias hinein und weist darauf hin dass sie früher doch andere Kerle gewesen wären. Dazu gehören auch einzelne Heldengestalten, wie etwa Meleager und Herakles. Diese frühere Welt war eine einfache, patriarchalische[234].

* Die τέχνη ist eine Gabe der Götter, Zeus, Athene oder Hephaistos, an Menschen, die sie besonders lieben, z.B. an Odysseus oder an die Phäaken. Homer beachtet die Spezialisierung: *Dem einen gab der Gott die Werke des Krieges, / Dem anderen Tanz, dem anderen Zitherspiel und Gesang; Einem anderen legt Verstand in die Brust der weitblickende Zeus, / Guten, und davon haben Nutzen viele Menschen*[235]. *Auch die glückliche Rede ist eine Gabe der Götter*[236].

Eine vorhandene Benachteiligung, sei es in der Konstitution, sei es in der Situation, wird durch τέχνη ausgeglichen.

In der Ilias hat τέχνη sowohl einen praktischen, wie auch einen theoretischen Aspekt. Und τέχνη kann listig und betrügerisch unheilstiftend sein, aber diese dunkle Seite der τέχνη wird bei Homer nicht abgelehnt, sie gibt höchstens Anlass für ein göttliches Gelächter.

* Odysseus wird auf seiner Heimfahrt von Troja auf eine Reihe von Inseln verschlagen, fast alle *fern von erwerbsamen Menschen*[237]. *Örter der Menschen sah er gar viel; und ihre Gedanken wusste er*[238]....
Odysseus ist in seiner Vielseitigkeit das irdische Gegenstück zu Hephaistos. Die τέχνη ist nicht einfach die routinierte Anwendung eines erworbenen, eingeübten oder göttlich geschenkten Könnens, sondern hat eine schöpferische Seite. Σώφια vollendet sich im gelungenen Werk, sei es in einer gelungenen List oder im hervorragenden handwerklichen Produkt[239].

* Hybris ist nicht wie Stolz etwas, was man fühlt, sondern mit einer Handlung verquickt. Das griechische Verb ὑβρίζειν bedeutet bei Homer „zügellos werden" oder „sich austoben" und wird auch auf Flüsse, wuchernde Pflanzen und überfütterte Esel angewandt, die schreien und aufstampfen. Hybris bedeutet demnach „mutwillige Gewalt" und „Frechheit". Es bedeutet auch „Gier" und „Lüsternheit". Hybrisma bedeutet „Frevel, Vergewaltigung, Raub" und fasst alles zusammen, was einer Gottheit oder einem Menschen an schwerer Unbill zugefügt wird[240]
Der Terminus Hybris bezeichnet in der Illias das anmaßende Verhalten Agamemnos gegenüber Achill; in der Odyssee das übermütige und gewalttätige Verhalten der Freier und steht bei Homer noch nicht mit τέχνη in Verbindung[241].

Im klassischen Griechenland war *ohne Zweifel, dass Homer der gelehrteste unter den Dichtern und dass seine Werke wurden als ein Inbegriff aller menschlichen Wissenschaft und Kunst betrachtet*[242]. Seine Epen waren vom klassischen Zeitalter Athens an (3.1.1.7.) bis ins Mittelalter (7.1.2.3.) die Leitbilder für Bildung und Erziehung.

* In der Odyssee ist die Arbeit eine Strafe in der Unterwelt für den verschlagenen Helden der Mythologie Sisyphos[243]: *Und weiter sah ich den Sisyphos in gewaltigen Schmerzen: wie er mit beiden Armen einen Felsblock, einen ungeheuren, fortschaffen wollte. Ja, und mit Händen und Füßen stemmend, stieß er den Block hinauf auf einen Hügel. Doch wenn er ihn über die Kuppe werfen wollte, so drehte ihn das Übergewicht zurück: von neuem rollte dann der Block, der schamlose, ins Feld hinunter. Er aber stieß ihn immer wieder zurück, sich anspannend, und es rann der Schweiß ihm von den Gliedern, und der Staub erhob sich über sein Haupt hinaus.*"[244]
Das Motiv der „Sisyphosarbeit" kennen wir auch in der Vasenmalerei[245].
Ausblick: Auch die Wissenschaft kann als „Sisyphosarbeit" erscheinen, da sie immer in Frage gestellt wird[246].

* Es gab eine Sammlung epischer Dichtungen, die Episoden aus dem trojanischen Sagenkreis erzählen, aber von Homer nicht verwendet wurden. Zu diesen gehören die „Kypria", „Aithiopis", „Kleine Ilias", „Iliu persis" („Der Fall von Troja"), „Nostoi" („Heimkehrer-epen") und Telegonie[247]. Sie sind nur in Fragmenten erhalten.
Im Vorgesang der „Kypria" klingt mythische Tradition von der *lärmenden Menschheit* aus dem Orient (2.1.1.) an. Sie sind den Göttern zu lästig, und werden vernichtet:

Es gab eine Zeit da die zahllosen übers Land schweifenden Völker / die weite und breite Brust der Erde zu erdrücken drohten; / Zeus sah dies und hatte Mitleid; in seinem weisen Rat beschloss er / die alles ernährende Erde vom Gewicht der Menschheit zu erlösen / indem er die großen Schlachten des trojanischen Krieges entfachte / um ihre schwere Last durch den Tod erleichtern zu lassen: / so wurden die Krieger vor Troia getötet, so erfüllte Zeus' Wille sich. Der gesellschaftliche Diskurs gehört zu den Grundlagen menschlichen Zusammenlebens, die auch lästig werden kann.

2.3.3.2 Hesiod

* Bereits Homer hat seine Gegenwart gegenüber der höheren Vorgeschichte als einen Abfall verstanden (2.3.2.1.).

In Hesiods Mythos von der Folge der Weltalter klingen orientalische Lehren nach[248]. *Golden war das Geschlecht der schwachen Menschen, das anfangs schufen die Ewigen, die im Olymp die Paläste bewohnen. Gleich wie Götter lebten sie unbelasteten Sinnes, unbehelligt und frei von Mühsal und Leid. Es trugen die nahrungsspendenden Fluren ganz von allein einen üppigen vollen Ertrag. Nach Belieben gingen sie ruhig der Arbeit nach mit Gütern in Fülle, Freunde der seligen Götter, reich gesegnet an Herden. Ein zweites Geschlecht, ein silbernes, weitaus geringer, schufen sodann die hoch im Olymp die Paläste bewohnen. Doch Zeus der Kronoide machte sie schließlich verschwinden. Ein anderes Geschlecht der schwächlichen Menschen, ein drittes, ehernes schuf der Vater. Niemals bei Tage werden sie ausruhen von Not und von Arbeit*[249]. Die aus dem goldenen Zeitalter abgesunkene Menschheit ist durch Hybris gekennzeichnet. Doch Hesiod betonte, dass die Rechtsordnung der Dike („Gerechtigkeit") den Übermut der Menschen besiege[250]. Ausblick: Die Vorstellung vom Goldenen Zeitalter, zurück projiziert in die längst verschwundene Vorzeit, wird auch künftig Literaten, die Geschichtsschreibung (3.3.) und Philosophen leiten (Die Tragödie 3.4.1., „Alte Komödie", 3.5.1. und Platon, (3.6.2.3.) u.a.m.

* Der Meister der τέχναί, ähnlich, wie bei Homer, ist Hephaistos, *der ruhmreiche Hinkefuß*[251]. Seine Werke sind *weit berühmt*[252], Der Schild des Herakles ist *ein Wunder von Kunstwerk*[253].

Im Lehrgedicht an seinen Bruder, „Werke und Tage", hielten die Götter die Nahrung der Menschen verborgen und Zeus hielt das Feuer zurück. Doch in der Theogonie stiehlt Prometheus (2.3.1.6.) den Göttern das Feuer und bringt listig den Menschen die τέχναί, und damit die Kultur. Er ist geradezu Meister der betrügerischen List, aber, im Gegensatz zu Homer, wo List ein Teil der göttlichen Ordnung ist, wird Prometheus („Vorbedacht") für die Übertretung der von Zeus gezogenen Grenze bestraft[254]. In dem Lehrgedicht an seinen Bruder brachte der Diebstahl den Menschen schreckliches Unglück: Zeus ließ den ruhmreichen Hephaistos (2.3.1.3.) aus Lehm und Wasser die Pandora erschaffen und ließ diese durch Hermes dem Bruder des Prometheus, Epimetheus (Nachbedacht"), als Geschenk überbringen. Das göttliche Geschenk brachte den Menschen *leidvollen Kummer*[255].

Im Lehrgedicht beschrieb Hesiod Wert- und Normvorstellungen von einem guten Leben[256]. *Dieses Verständnis von Recht gab Zeus, der Kronide den Menschen ... bei weitem das Beste*[257]. *Vor das Gedeihen haben die ewigen Götter Schweiß gesetzt*[258]. Hier finden wir eine positive Bewertung der Arbeit, denn *für die Menschen halten die Götter die Nahrung verborgen. Arbeit allein macht die Menschen reich an Herden und Gütern, und wer da arbeitet, ist viel lieber den ewigen Göttern. (Und auch den Menschen, sie hassen den arbeitsscheuen Gesellen.) Arbeit bringt keinerlei Schande*[259], *doch Scheu vor der Arbeit bringt Schande.*

Es gibt zweierlei Eifer (Eris) in der Welt, die eine erzeugt Streit, Hader und Kriege, die andre treibt den sonst Untätigen zu Arbeit an. Die erste lenkt von der Arbeit ab und ist abzulehnen, die zweite ist gut für die Menschen, sie treibt den Schmied, den Töpfer und den Sänger zu höheren Leistungen an, alles auf das Beste zu gestalten[260].

Die Beschreibung der ländlichen Arbeiten im Jahreszyklus ist eingebettet in eine kosmische und göttliche Ordnung. Doch die göttliche Legitimation des einfachen, doch gerechten Lebens im Lichte des Göttlichen kann das harte Arbeitsleben nicht nur legitimieren, sondern auch verklären. Der Handel oder die Seefahrt bieten zwar die Möglichkeit, *Schuld und Hunger zu entfliehen*[261], vor denen er seinen Bruder warnte. Legitimiert ist das bäuerliche Leben auf dem Lande, nicht aber die urbanen τέχναί,

* In der Theogonie des Hesiod wird auch die Frage nach der Freiheit der Dichtung und nach der dichterischen Wahrheit angesprochen: der Dichter ruft die Musen (2.3.1.2.) um ihren Beistand an, doch sie warnen den Dichter: *Leicht ist es uns viel Trug zu verkünden, als wäre es Wahrheit...*, wie wir bereits gesehen haben (2.3.1.2.). Dichtung und die Künste wurden immer wieder Gegenstand einer theoretischen Begründung, aber auch der Kritik (3.6.2.2.1.; 3.6.3.5.; 4.1.2.2.6.; 5.3.2.2.; 10.3.1.2.; 10.3.1.3. und 10.3.1.5.). Doch die grundsätzliche Frage nach der Freiheit der Dichtung wurde erst an der Schwelle zur Neuzeit Gegenstand eines öffentlichen Diskurses (10.3.1.1. und 10.3.1.5.).

* In Mythos und Epos sind die τέχναί, sowohl im Allgemeinen, als auch im Speziellen eine List und ein verborgenes Wissen. Wer sie lernt erwirbt Zugang zu ihr. Handwerkliches Wissen ist Berufsgeheimnis, von den Göttern gestiftet, von Generation zu Generation weitergegeben. Kein Zweig der τέχναί, weder Kunst noch Wissenschaft gehören zur Bildung[262]. Die Ratschläge Hesiods gelten für das ländliche Leben, die bäuerlichen Arbeiten und ein Verständnis von Recht und Lebensordnung. Sie sind ethische Mahnung und nicht Teil einer beruflichen Ausbildung. Diese Einstellung prägte auch die Bildungsvorstellung der klassischen Zeit (3.1.1.7.).

2.3.3.3 Pindar

Pindar hat die Welt in seinen Oden mythisch gedeutet, die (Naturphilosophen) *pflücken unreife Frucht der Wahrheit*[263].
Auch er rief die Musen (2.3.1.2.) um ihren Beistand an[264], doch mit einem Augenzwinkern: *Muse, es ist dein Amt, wenn du versprachst, für Lohn / Deine silberne Stimme zu leihen, sie hierhin und dorthin / Schweifen zu lassen...*[265]

Er war nach seinem Selbstverständnis ein σώφός, ein Kundiger, nicht im Bereich des Handwerklichen, sondern als Dichter, im Bereich des Dichterischen, Metrischen und Musikalischen – und auch in Kunst und Handwerk schätzte er die Höchstleistung[266]. In der 7. Olympischen Ode (464 v.u.Z.) auf einen erfolgreichen Sportler von der Insel Rhodos rühmt er auch die Kunstfertigkeit auf der Insel: *In jeder Kunst die Erdenmenschen / Mit bestarbeitenden Händen zu übertreffen, / Und Werke, die Lebenden und Wandelnden ähnlich waren, / Trugen ihre Straßen, und tief war ihr Ruhm./ Für den Verständigen / Ist auch die größere Kunstfertigkeit ohne Arg*[267]. Und für den Unverständigen? Pindar sagt es nicht.

Wie bei Hesiod, so auch bei Pindar sind Dike und Hybris Gegensätze: Dike ist *das sichere Fundament der Städte / und die mit ihr aufgewachsene Eirene, / die Walterinnen des Reichtums der Menschen , goldene Kinder der Recht entscheidenden Themis* Hybris dagegen soll fern gehalten werden[268]. *... wenn aber einer / Nach Gewaltigem hinschaut, ist er zu klein, dem ehernen / Boden vom Wohnsitz der Götter zu nahen*[269]. Mahnendes Beispiel ist der Schicksal des Asklepios: *Durch Gewinn wird sogar Weisheit gefesselt ... Nötig ist das Geziemende von den Göttern zu wünschen*[270] (2.3.1.7.).

Die frühgriechische Lyrik gehört zwar in den hier behandelten Zeitraum, doch wir werden sie, um die Einheit des dort behandelten Themas zu wahren, im Abschnitt über die Bukolik (4.3.4.) behandeln.

2.3.4 Das Schöne

Im Griechischen sind die Attribute „schön" und „gut" nur schwer trennbare Begriffe[271].

Hesiod verwendet den Begriff des Schönen im Allgemeinen nach außen gewandt auf das Auge, auf sinnfällige Formen bezogen. Auch am zweckmäßig Gestalteten werden die Eigenschaften augenfällig, sie fallen als „schön" ins Auge, ohne einen Bezug zum Ethischen. Aphrodite wurde von einer schönen Mutter geboren, Hephaistos hat den Schild des Herakles, aber auch das schön gestaltete Weib, Pandora, geschaffen.

Bei Homer verbindet sich der Begriff des Schönen mit der Vorstellung von Vollendung, ja Schönheit ist Ausdruck der Vollendung: Schön ist der Bogen des Odysseus. schön sind die Gastgeschenke, sie weisen über die alltäglichen Bezüge hinaus, schön ist der Gesang der Kirke. Das Prädikat „schön" kann Glied eines formelhaften Ausdrucks sein: ein schönes Haus (z.B. des Odysseus, des Alkinoos oder des Windgottes Aiolos) ist reich, groß, mit festen Mauern und Toren, leicht zu erkennen und allgemein bekannt. Schön ist der Mensch, der vollendet ist, jung, selbstbewusst, voll mit Tatendrang, nichts fürchtend. Schönheit bedeutet bei Menschen gesteigerte vitale Möglichkeiten sich zu verwirklichen und das Erstrebte auch zu erreichen. Schön ist auch das, was dem Menschen in seinem Streben nach göttlichem, gesichertem Leben erstrebenswert ist. Schöne Dinge gehören zum schönen Leben, sie runden das Bild vom vollendeten Leben ab. Und schön sind die Götter und alles mit dem sie in Berührung kommen. Schön ist kein Prädikat, das einem Sein zugefügt wird, sondern die Stufe der Vollendung, und jedes „Nicht-Schöne" ist mangelhaftes Sein. Auch handwerkliche Produkte, nicht nur Kunstwerke, sind schön, wenn sie vollendet sind.

Das Ästhetische ist bei Homer noch keine Kategorie für sich, schöne Kleidung ist nicht einfach die ästhetisch geschmackvolle, oder eine, die allen gefällt, sondern ist ein Zeichen einer von den Aristoi zu sein, den Göttern näher und darum mit größeren Möglichkeiten begabt. Wegen dieser Nähe zur Vollendung ist, selbst bei Platon und auch noch Aristoteles, Schönheit eher ein Begriff der Ethik, freilich einer aristokratischen, nicht einer demokratischen, als ein Begriff einer von der Ethik losgelösten Ästhetik.

Ästhetische Kriterien erscheinen das erste Mal im „handwerklichen" Aspekt der Kunst. In ihrem Wettstreit kritisieren die beiden tragischen Dichter, Aischylos und des Euripides sich gegenseitig, halten einander ihre dramaturgischen Schwächen, Fehler im Versbau, Komposition der Prologe und die Liedgestaltung vor (3.5.2.). Auch der „Kanon" des Polyklet (2.Hälfte 5.Jahrhundert v.u.Z.), die Inschriften der Maler – Rivalen Parrhasios und Zeuxis und die Kriterien des Aristoteles weisen in diese Richtung (3.1.3.).

2.3.5 Die Geburt der Wissenschaften

* Die ersten Ansätze zum wissenschaftlichen Denken finden wir im griechischen Kulturkreis: In rationalistischen Ansätzen einer Geographie, Kosmologie (2.3.4.1.), in der Mathematik (2.3.4.2.), in der Medizin (2.3.4.3.) und in der Geschichtsschreibung (3.3.). Die frühesten Ansätze finden wir nicht in Athen, sondern in den Kolonialstädten der ionischen Küste, Siziliens und in Magna Grecia. Von diesen Ansätzen wurde nur die Geschichtsschreibung in Athen aufgegriffen (3.3.). Der erste Naturphilosoph in Athen, Anaxagoras (2.3.4.1.; 3.6.1.3.1.), gehörte zum Kreis um Perikles. Erst die Akademie Platons zog auch Mathematiker im weitesten Sinne des Wortes nach Athen (3.6.2.1.3.).

Entscheidend für uns ist die geänderte Einstellung, auch ihre Selbsteinschätzung und nicht was sie gewusst und nicht gewusst haben.[272]. Wissensmerkmale und damals aktuelle Fragestellungen werden im Folgenden nur als Indikatoren zu Rate gezogen, um eventuelle Wechselwirkungen und Auseinandersetzungen mit komplementären Bereichen der Kultur anzuzeigen: Die „Wissenschaften" sind keine fensterlosen Monaden, sie entwickeln sich in einem gesellschaftlichen Diskurs. Auch die verschiedenen Komponenten im atechnischen Bereich werden nur soweit getrennt untersucht, wie sie die τέχναί oder ihre Komponenten reflektieren.

* Bei den Griechen begegnet uns das erste Mal der Naturbegriff (2.3.4.1.). Er bedeutet sowohl hervortreiben, wachsen und entstehen, als auch das Wesen, die Substanz einer Sache. Später, im 6/5. Jahrhundert bekommt der Terminus „Natur" die Bedeutung einer Ursache, aber auch eine umfassendere Bedeutung als die Gesamtheit aller von selbst entstandenen Dinge. Als solche kann Natur auch der Gegenstand von Erkenntnis und der wissenschaftlichen Untersuchung werden.

* Die Bereiche der mehr intellektuellen τέχναί z.B. Geographie, Länder- und Völkerkunde, Geschichtsschreibung, Arithmetik, Geometrie, Kosmologie, Medizin, beginnen sich im 6. bis 5. Jahrhundert v.u.Z. abzuzeichnen. Sie haben sich mit einer je eigenen Entwicklungsdynamik von vom mythischen Weltbild, aber später auch von kosmologischen und philosophischen Spekulationen getrennt. Dieser Prozess der Loslösung und der Differenzierung und dann der autonomen Entwicklung ist charakteristisch für die Entstehung und Weiterentwicklung der Wissenschaften. Dass die sich erst nach und nach entwickeln, hat schon Xenophanes (um 540 v.u.Z.) vermutet: *Wahrscheinlich nicht von Anfang an haben die Götter den Sterblichen alles gezeigt, sondern mit der Zeit finden sie suchend das Bessere*[273].

Durch die „ionische Aufklärung" sind die „naiven" Mythen nicht verschwunden. In der Dichtung und auf der Bühne kamen neue hinzu[274] (2.3.2.3., 3.4. und 3.5.).

2.3.5.1 Kosmologie und Naturphilosophie

* Im Gilgamesch-Epos (2.1.1.) erforschte der Held die Ufer der Welt, kannte das Verborgene und erwarb Weisheit in jeglichen Dingen[275]. Die Kenntnis der Umwelt

war eine Quelle der Weisheit. Der Alte Testament berichtet doppelt über eine ganz andersartige Mobilität der frühen Menschen: Es ist zunächst der Exodus aus Ägypten, dann die Verschleppung nach Babylon.

Die früheste systematische Sammlung geographischer Kenntnisse, im weiteren Sinne, ist mit Mobilität verbunden (s. Einleitung zu diesem Kapitel): ganz speziell mit der griechischen Kolonisation.
Antrieb zur Gründung der griechischen Kolonien von 750 – 530 v.u.Z. waren Der Mangel an nutzbarem Land und Überbevölkerung, Armut und Hungersnot, aber auch die Suche nach Rohstoffen und Absatzmärkten. Die Zielorte wurden in der Hoffnung auf fruchtbares Ackerland, verfügbare Rohstoffe und günstige Handelsplätze ausgewählt. Die Informationsquellen waren die Berichte von Händlern und Seefahrer. Die neu gegründeten Kolonien schickten Festgesandtschaften nach Delhi. Die Informationen wurden im Orakelheiligtum Apollos (2.3.1.2.) in Delphi wohl systematisch gesammelt[276] und, wie Herodot (3.3.1.) berichtet[277], wohl auch ausgewertet. So wurde die Kolonisation von „Apollo Archegetes" gesteuert. Als Informationszentrum der Kolonisation war das Apolloheiligtum von Delphi der „Nabel der Welt"[278].

* Im 7/6. Jahrhundert v.u.Z. trat neben die mythische Welterklärung, wie wir sie von Homer (2.3.2.1.) und Hesiod (2.3.2.2.) kennen, ein Suchen nach allgemeinen Prinzipien, um die Gegebenheiten dieser Welt, ihr Werden und ihren Wandel zu erklären.

Die kosmologischen Spekulationen „der Griechen" lassen Spuren einer Auseinandersetzung mit den orientalischen Kosmologien erkennen[279]:
Durch Reisende, Seeleute, Kaufleute, Söldner, wandernde Ärzte und Magier wurde eine Menge an Wissen und Ansichten aus anderen Kulturen, aus Ägypten, dem Vorderen Orient, dem Gebiet des Schwarzen Meeres und Mesopotamien nicht nur nach Delphi sondern auch in die griechischen Handelszentren importiert. Doch nicht nur Geschäftsleute, auch gewöhnliche Reisende erzählen tendenziös, sie malen die Gefahren aus, Blamables verschweigen sie ganz[280]. Es war wohl ein Gemenge aus Fakten, Legenden und auch Seemannsgarn was in den Hafenstädten erzählt wurde, --- eine Provokation für die nachdenklichen Zuhörer. Dieses importierte Gemenge aus „Wissen", Mythen und Legenden hat den Anstoß gegeben, auch auf die Frage nach Werden und Veränderung, das Geworden sein. Φύσις bedeutet beides: die Frage nach der letzten Ursache der Welt, nach dem Prinzip aller Dinge eigenständig nach rationalen Antworten zu suchen.

Wir können drei regionale Zentren kosmologischer Spekulation erkennen: Die ionische Küste in Kleinasien mit Milet und Ephesos, Süditalien, mit Crotone und Elea, und Sizilien mit Syrakus und Aggrigent. (nota bene: Athen und die Halbinsel Peloponnes gehörten nicht dazu.)
Soweit wir aus den überlieferten Fragmenten erkennen können, wurde jeder dieser Versuche von einem Einzelnen getragen, ohne einen „gesellschaftlichen Auftrag". Der erste, von dem wir Kenntnis haben, war wohl Thales aus Milet, mütterlicherseits phönizischer Abstammung, einer der „Sieben Weisen" (2.3.).

Es waren zum Teil sich widersprechenden Versuche: Luft, Erde, Wasser oder das Unbegrenzte (oder Unbestimmte) wurden als Ursprung der Welt angesehen. Auch der Gedanke, im Kosmos gibt es eine Ordnung und im Werden und Vergehen waltet eine Gesetzmäßigkeit und eine Notwendigkeit, wurde formuliert. Diese Versuche waren zwar alle spekulativ aber rational und nicht mythisch, es ging um die Ordnung

dieser Welt und ihre Erkennbarkeit ohne priesterliche Vermittlung. Erwähnt sei hier der Pythagoräer Philolaos[281] an der Wende vom 5. zum 4. Jahrhundert v.u.Z., der eine *Weltordnung aus Begrenztem und Unbegrenztem lehrte und alles geschehe nach dem Gesetz der Notwendigkeit und der Harmonie. Er soll zuerst die kreisförmige Bewegung der Erde gelehrt haben, während andere den Hiketas von Syrakus* (auch ein Pythagoräer des 5. Jahrhundert v.u.Z.) *als Urheber dieser Ansicht bezeichnen*[282]. Kopernikus (10.3.2.2.1.) hat sich auf Philolaos berufen.
Doch die Lehren waren nur spekulative Entwürfe[283].

Es wurde auch an der sinnlichen Wahrnehmung und Beobachtung, aber auch an den überlieferten Mythen, den Bildern der Epen und am anthropomorphen Polytheismus Kritik geübt[284]. Als erster hat Xenophanes von Kolophon (ca. 570 – 470 v.u.Z.) an den Gottesvorstellungen der Mythologie Kritik geübt: *Alles haben den Göttern Homer und Hesiod angehängt, was nur bei Menschen Schimpf und Tadel ist: Stehlen, Ehebrechen und einander Betrügen*[285]. Diese Kritik an den gesellschaftlich akzeptierten Götterbildern hat keine für uns erkennbare Reaktion hervorgerufen. Ob Heraklit von Ephesos (aktiv um die Wende des 6. zum 5. Jahrhundert v.u.Z.) seine Sätze dunkel und schwerverständlich formulierte *damit nur die wirklich Berufenen sich mit ihm beschäftigten*[286], bleibt uns verborgen. Methrodoros von Lampsakos (ca 460 – 390), ein Schüler des Anaxagoras (s. unten) deutete die Helden und die Götter des Ilias allegorisch im Sinne der ionischen Naturphilosophie: Achill, die strahlende Sonne, sein Gegenspieler, Hektor der Mond. Er hat die Götter mit physikalischen Elementen in Verbindung gebracht: Apoll mit der Sonne (wie Achill), Poseidon mit dem Wasser, Hera mit der Luft. Auch diese „natursymbolische Mythendeutung" [287] hat keine für uns erkennbare Reaktion provoziert.
Eine skeptische Einstellung klang das erste Mal bei Xenophanes an: *Das Genaue erblickte kein Mensch … Schein haftet an allem*[288] (4.2.3.).

Erwähnt sei die Kosmologie des Anaxagoras (500 – 428 v.u.Z.) aus Klazomenai: In Athen trat er mit zwanzig Jahren als Philosoph auf. Er war der einzige Naturphilosoph in Athen und gehörte mit Protagoras zum Gelehrtenkreis um Perikles. Als ein Stein vom Himmel fiel, meinte Anaxagoras: Der ganze Kosmos bestehe aus Steinen, die nur durch den gewaltigen Schwung der Kreisbewegung zusammengehalten werde; ließe diese nach, so würde er zusammenstürzen. Es ist eine Vorstellung, die wohl an die eben erwähnten Pythagoreer anknüpft. Anaxagoras wurde in Athen wegen Gottlosigkeit angeklagt (3.1.1.4. und 3.6.1.3.1.), weil er die Sonne für eine glühende Steinmasse erklärt habe[289].
Einen Reflex eines Diskurses berichtet Galen (4.1.2.1.4.) vom Naturphilosophen Diogenes von Apollonia[290] (um 440 v.u.Z. [291]). Dieser wird als „letzter der Vorsokratiker" zur Frühgeschichte der Philosophie gezählt (3.6.4.).

* „Homer" kante nur das östliche Mittelmeer: Durch die Kolonisation wurde den Griechen das ganze Mittelmeer und das Schwarze Meer bekannt, doch das jeweilige Hinterland war weitgehend unbekannt. Durch die Kontakte zu Persien hatten die Griechen auch einige geographische und ethnographische Kenntnisse bis hin zum Industal[292].

Die erste Erwähnung einer Landkarte und deren Verwendung finden wir bei Herodot (3.3.1. und 4.1.1.3.). Dieser berichtet in seiner Historie über den Besuch des Tyrannen von Milet in Sparta um die Unterstützung der Spartaner gegen die Barbaren zu gewinnen. Aristagoras *brachte eine eherne Tafel mit, auf dem der Umkreis der gan-*

zen Erde, auch alle Meere und Flüsse eingeschnitten waren. Herodot schildert die Präsentation anschaulich: *Nun will ich euch zeigen, wo die verschiedenen Völker wohnen. Hier neben den Ionier wohnen die Lyder in einem herrlichen Lande, wo es sehr viel Silber gibt ...* Aristagoras fährt in der Präsentation so weiter fort bis hin nach *Susa, wo der Großkönig Hof hält und sein Staatschatz verwahrt wird. Wenn ihr die Stadt einnehmt, könnt ihr mit eurem Reichtum dreist Zeus den Rang streitig machen. ... Warum nicht zugreifen, wo ihr Gelegenheit habt, euch mit leichter Mühe zu Herren von ganz Asien zu machen?*[293]. Kleomenes lehnte das Ersuchen ab, es folgt Herodots Beschreibung des Weges durch Kleinasien[294].

* Der Begriff „Natur", Φύσις, entstammt der Wortfamilie von physein, hervortreiben, wachsen lassen, entstehen. Die Physis, das „Wesen" eines Dinges, wurde in Verbindung mit den Bedingungen und Ursachen seiner Entstehung gesehen. Diese bleibt nach Heraklit für die meisten Menschen verborgen[295].
Der Begriff spielte im gesellschaftlichen Diskurs des 5. und 4. Jahrhunderts v.u.Z. eine wichtige Rolle: in der Medizin (2.3.4.3.), in der Kunst (Verismus, 3.1.1.8.3.), in der Sophistik (3.2.1.), bei Platon (3.6.2.1.4.), bei Aristoteles (3.6.3.1.) bei den Kyniker (4.2.4.). Auch dieser Diskurs wirft ein Licht auf die Einstellungen zu den τέχναί.

2.3.5.2 Mathematik

In der Mythologie war der „Finder" des Rechnens, Messens und Zählens, wie auch des Brettspiels, Palamedes, der Heros von Nauplia und zeitweise Konkurrent zu Prometheus[296]. Die Griechen haben neben einer „praktischen Mathematik" eine „wissenschaftliche" gekannt[297], die sie begründet haben[298].
Die erste war für die Kaufleute und Techniker, die zweite für die Mathematiker (3.6.2.1.3.) und für die Philosophen von Bedeutung[299] (3.6.2.2.4.).

„Die Pythagoreer" haben die Zahlen, und zwar die ganzen Zahlen, das erste Mal autonom, unabhängig von der Rechenkunst und von ihrer praktischen Anwendbarkeit untersucht. Sie fanden zunächst gerade und ungerade Zahlen, später auch Dreieckszahlen, Rechteckzahlen, Quadratzahlen, Fünfeckzahlen, Primzahlen, vollkommene und unvollkommene Zahlen, befreundete Zahlen usw. Was davon Pythagoras selbst oder seinen Schülern zuzuschreiben ist, kann man nur schwer sagen[300].
Diese Relationen sind von transzendentaler Natur fern von jeder Anwendung und ohne erkennbaren Nutzen. Diese Relationen und ihre Qualifizierung, die in der Anwendung von Termini, wie Überlegenheit, Unterlegenheit, Vollkommenheit und Unvollkommenheit ebenso wie Harmonie und Reinheit äußern, wurden philosophisch als kosmische Relationen gedeutet. Die musikalische Harmonielehre wird durch Verhältnisse von ganzen Zahlen beherrscht, und der Kosmos ist nach Relationen von ganzen Zahlen harmonisch geordnet.
Über das Symbolische hinaus hat die pythagoreische Zahlenlehre auch eine eigene mystische Seite: Das ewige Wesen der Zahl ist der Ursprung, der alles vorausdenkt, der Ursprung des Allhimmels. Es ist auch die Wurzel des Fortbestehens der göttlichen Menschen, der Götter und der Daimonen. Die mystische Seite der Zahlen mag in archaischen rituellen Praktiken oder in altbabylonischen Vorstellungen (2.1.2.2.) ihre Wurzeln haben, sie ist fest mit pythagoreischen Traditionen verbunden und wir finden ihre Spuren auch bei Platon wieder (3.6.2.2.4.). Die mystische Seite der pythagoreischen Zahlenspekulationen haben Neuplatoniker (4.2.1.3.) und Neupythagoreer zu Analogieschlüssen verwendet.

Wie weit die beiden Komponenten, Rationalität und Zahlenmystik, dieser Zahlenvorstellungen auf eine frühere oder spätere Phase der pythagoreischen Denktradition zu verteilen sind, oder ob sie parallel laufen, ist anhand der Quellenlage wohl nicht mehr erkennbar. Ursprünglich standen wohl nur die ganzen Zahlen im Mittelpunkt des Interesses. Im Vergleich zu Mathematik in Mesopotamien (2.1.2.2.) und in Ägypten (2.2.3.1.) markierten die Pythagoreer einen Wechsel des Paradigmas. Dieser Wechsel spiegelt sich bei Platon und in der platonischen Akademie. An die rationale Komponente der pythagoreischen Zahlenspekulationen haben die Akademie Platons (3.6.2.1.3. und 3.6.2.2.4.) und Euklid im Zahlentheoretischen Teil seiner „Elemente" angeknüpft (4.1.1.2.).

Die Unterweisung sollte auf Eingeweihte beschränkt bleiben. Die Enthüllung eines Geheimnisses, die Irrationalität der Quadratwurzel aus 2 oder, dass sich das Dodekaeder in eine Kugel einbeschreiben lässt, soll zum Ausstoß des Hippasos von Metapont (Mitte des 5. Jahrhunderts v.u.Z.) aus der Sekte geführt haben.

* Das 5. Jahrhundert wird manchmal auch als das Heroische Zeitalter der Mathematik bezeichnet[301]. Eindeutige Zeugnisse deduktiven Denkens und Beweisen finden wir etwa ab 430 v.u.Z.[302] Die Aufmerksamkeit galt vorwiegend Problemen, die alle mit irrationalen Zahlen (die Zahl π, die Quadratwurzel aus 2, die dritte Wurzel aus 2) und in der Geometrie mit inkommensurablen Geraden verbunden sind und das pythagoreische Prinzip der Ganzzahligkeit verletzen:
Der Beweis der Irrationalität von Quadratwurzeln aus Nichtquadratzahlen von 3 bis 17 wird Theodoros von Kyrene (470/60 - 390/80) zugeschrieben. Die Quadratur des Kreises soll der Sophist Hippias von Elis (gegen Ende des 5. Jahrhunderts v.u.Z.; 3.2.1.) durch ein geometrisches Verfahren gelöst haben. Ihm soll auch die Dreiteilung eines Winkels gelungen sein[303]. Die Quadratur der Möndchen wurde vom Hippokrates von Chios (nicht mit dem berühmten Arzt zu verwechseln, 2.Hälfte des 5. Jahrhunderts v.u.Z.) gelöst. Für das Verhältnis von Seitenlänge und Diagonale eines Vierecks stammt eine Näherungslösung vom Archytas von Tarent. (428 – 347 v.u.Z.; 4.1.1.8.) Die Verdoppelung des Würfels wurde viel diskutiert, blieb aber zur Zeit Platons ungelöst.
Von den Pythagoreern soll Ein Schüler des Archytas, Eudoxos von Knidos[304], begegnet uns in der Akademie Platons (3.6.2.1.3.).

* Das Paradoxon der Bewegung und die Infinitesimalrechnung wurden von den Eleaten formuliert.

* Es gab eine Fachliteratur, denn von späteren Berichten werden Werke genannt, die sämtlich verloren gingen – oder sie gingen im späteren Werk „Elemente" des Euklid (4.1.1.2.) auf, und sind in Vergessenheit geraten, weil überholt. Die Mathematik wurde auch in der Akademie Platons gepflegt (3.6.2.1.3.) und die Nähe der τέχναί zu Mathematik war ein Maß für ihre Rangordnung (3.6.2.2.3.).

* Als Hilfsmittel für praktisches Rechnen haben „die Griechen" eine Rechentafel, den Abakus (ἄβακος) verwendet. Diese wurde wahrscheinlich um 1100 v.u.Z. im indochinesischen Kulturraum erfunden[305]. Die Kenntnis von *Steintäfelchen wie sie bei den Zahlenberechnungen üblich sind*, wurde Solon (2.3.; VI. Jahrhundert) zugeschrieben[306].

2.3.5.3 Die Medizin

Wie in Mesopotamien gab es auch in Griechenland verschiedene Traditionen nebeneinander Krankheiten zu behandeln. Die Geschichte der Medizin ist bei den Griechen mit zwei Namen verbunden: Asklepios (2.3.1.7.) und Hippokrates. Der erste steht für die sakrale, die zweite für die rationelle Medizin[307].

.... Archaischen Vorstellungen konnten in einer Krankheit Besessenheit, Vergehen oder Befleckung sehen. Entsprechend wurde die Heilung durch rituale Handlungen oder magische Praktiken gesucht[308]. Die „Büchse der Pandora" enthielt die Krankheiten als eine Strafe des Zeus für Hybris (2.3.1.6.).

.... Homer (2.3.2.1.) liefert uns die frühesten Nachrichten zur Geschichte der rationalen Medizin: Er berichtet uns von Ärzten, die ein nicht im Umfeld religiösen Kults angesiedeltes, festumrissenes medizinisches Aufgabengebiet haben. Nur ein oder zwei Verse scheinen Reminiszenzen an Beschwörungsformeln oder okkulte Opferhandlungen zu enthalten[309]. Das Ansehen eines untadeligen Arztes war hoch: *Denn ein Ärztlicher Mann wiegt viele andere auf / Pfeile herauszuschneiden und lindernde Kräuter aufzustreuen*[310].

Dieser Zweig der frühen Medizin ist die erste von den Wissenschaften, die sich selber als τέχνη versteht[311]. Die Wurzeln dieser „wissenschaftlichen" Medizin liegen weitgehend im Dunkeln. Die Tradition führt sie auf den Asklepiaden (2.3.1.7.) Hippokrates zurück.

Nach dieser Tradition ist die Medizin keine Gabe der Götter. In seinem Traktat *De vetere medicina* schreibt Hippokrates zur Entstehung der Medizin: *Alle Tiere, die ausreichend Nahrung an Pflanzen, Heu, Früchten und anderen Produkten der Erde finden, leben gesund und munter und benötigen keinerlei andere Nahrung. Ursprünglich ernährten sich auch die Menschen wie die Tiere. Die zubereiteten Speisen, derer sie sich heute bedienen, wurden erst im Laufe der Zeit erfunden, weil jene ursprüngliche Nahrung zu einfach war und den Menschen große Beschwerden bereitete. So hat die Notwendigkeit die Menschen gezwungen, eine ihrem Wesen gemäße Lebensführung zu suchen. Sie lernten, die Körner einzuweichen, zu enthülsen, zu sieben, zu mahlen und zu zerstoßen. Aus Weizen stellten sie Brot her, aus Gerste Teigwaren tausenderlei Art. Sie haben gekocht und gebraten, sie haben Gerichte zusammengestellt, Schwerverdauliches und Heißes durch Leichteres und Kühleres ergänzt und sich in allem nach der Natur und nach den Kräften des Menschen gerichtet*[312].

* Die von gewöhnlichen, „bürgerlichen Ärzten" ausgeübte Heilkunst scheint genauso alt zu sein wie die von den Priestern praktizierte Medizin[313]. Sie fristete ihr Dasein allerdings lange im Dunkeln und vollzog sich unter erbärmlichen Umständen. Denn der isoliert arbeitende Arzt unterstand anfangs keinem besonderen Schutz. Er konnte sich gegenüber Scharlatanen, Quacksalbern und Zauberern nur schwer abgrenzen und er kam nicht in den Genuss der Vorteile einer korporativen Organisation wie die Priester-Ärzte durch ihre Kollegien. Die Rivalität der verschiedenen „altenativen" Traditionen hielt über die Spätantike (4.1.2.1.4.) bis in die Neuzeit (9.1.3.1.) an.
.... Die Ärzte übten ihre Kunst entweder auf eigene Rechnung oder im Dienst des Staates aus. Sie waren dann „Beauftragte der öffentlichen Gesundheitsfürsorge". Der

Arzt wurde den Demiurgoi, den Arbeitern zum Nutzen der Gemeinschaft zugerechnet, war also ein Diener der Öffentlichkeit.

.... Die Heilkunst wurde durch die „bürgerlichen Mediziner" auf zwei verschiedene Arten ausgeübt: Der Arzt begab sich entweder ans Krankenbett oder - dies trifft besonders für Chirurgen zu - er empfing die Kranken in seinen Behandlungsräumen, dem Jatreion. Es kam allerdings auch vor, dass ein und derselbe Arzt seinen Beruf in beiden genannten Formen ausübte.

.... Ein bürgerlicher Arzt konnte seinen Stand an Straßenkreuzungen aufschlagen und seine Heilmittel dem kleinen Mann anbieten. Er lehrte dazu abergläubische Praktiken, die die Wirkung des Medikaments verstärken sollten. Diese Methoden hatten nichts mit den medizinisch religiösen Riten gemein, die in den Tempeln gepflogen wurden. Ein solcher Arzt konnte zum reinen Scharlatan werden[314].

* Die Mediziner und die Medizin waren im Fokus eines öffentlichen Diskurses. Es gab wohl auch kritische Stimmen zum Treiben der Ärzte:

.... Die Schrift über „die Ärztliche Kunst" im Corpus Hippocraticum wendet sich an Leute, die sich eine Kunst daraus gemacht haben, von den Künsten schlecht zu reden[315].

.... In den äsopischen Fabeln (3.1.1.8.2.) finden wir eine Warnung vor dem Gier der Ärzte, die die Notlage der Kranken ausnützen[316]. Sie betrachten den Menschen nur äußerlich[317].

.... In einer Komödie von Aristophanes, den Thesmophoriazusen, laufen die Leute durch die Straßen und Läden, um ein Mittel zur Erleichterung der Niederkunft zu finden. Auch in der Mittleren Komödie war das Treiben der Mediziner eine Zielscheibe der Kritik (3.5.3.).

.... Für Platon war die Heilkunst ein Modell für die τέχναί (3.6.2.2.3.). Doch er warnte vor rhetorischer Verblendung: Bei der Wahl *von Ärzten, (... Schiffsbaumeister oder eine andere Art von Gewerbsleuten, ... bei der Erbauung von Mauern, ... bei Instandsetzen von Häfen und Werften, ... bei der Wahl des Heerführers ...) darf nicht der Redner den Rat geben, ... sondern der Kunstverständigste muss gewählt werden*[318].

.... Auch Xenophon (3.6.6.) bemerkte sarkastisch: *ich habe jeglichen Anschein vermieden, ich hätte irgendwo diese Kunst gelernt. Erlaubt mir trotzdem als Arzt aufzutreten. Denn ich will mir Mühe geben zu lernen, indem ich an Euch Versuche mache*[319].

* Nach den Angaben, die wir bei Diodor von Sizilien finden, muss das erste die öffentliche Gesundheitsfürsorge betreffende Dekret dem legendären Gesetzgeber Charondas (um 600 v. Chr.) zugeschrieben werden. Dieser berühmte Gesetzgeber legte in seinen Gesetzen für Katane auf der Halbinsel Chalkidike fest, dass die Kranken ab sofort zu Lasten des Staates behandelt werden sollen.

.... Platon (3.6.2.2.3.) erwähnt in seiner Politeia, dass die Ärzte sich an bestimmte Regelungen halten mussten und dem Staat gegenüber für Fehler und Nachlässigkeiten bei der Behandlung der Kranken verantwortlich waren. Deutlicher drückt sich Xenophon (3.6.6.) in seinen Memorabilien aus: die jungen Ärzte, die sich im Gebiet des Staates von Athen niederlassen wollten, mussten zunächst um eine Zulassung ersuchen und zu diesem Zweck einen öffentlichen Vortrag halten. Hierbei nannten sie ihre Lehrer, berichteten über ihre bisherigen Behandlungsmethoden und zählten ihre Heilerfolge auf[320].

.... Die Ausbildung erfolgte ursprünglich in der Familie: Der Großvater, der Vater oder ein Verwandter unterrichtete das Kind schon im frühesten Alter von der Gestalt, dem Aufbau und den Funktionen des menschlichen Körpers, weiter in Physik und Naturgeschichte, in der Astronomie, in der Lehre von den Krankheitsursachen und dem Ursprung der Epidemien sowie in gesunder Lebensführung. Darüber hinaus wurde der Heranwachsende mit an das Krankenbett genommen, so dass Theorie und Praxis aufs engste miteinander verbunden waren[321]. Die Ausbildung von Familienfremden erfolgte gegen Bezahlung im „Meister-Lehrlings-Verhältnis"[322].

* Wie in jeder Kunst gibt es auch in der Medizin teils schlechte, aber auch ganz ausgezeichnete Handwerker. Doch als eine eigenständige Kunst musste sie mit einem Mindestmaß an geordneten Kenntnissen und Effizienz aufwarten[323]. Die Ärzte wollten und mussten sich auch von den Konkurrenten im „Gesundheitswesen", von *Zauberern, Entsühner, Bettelpriestern und Schwindlern* abgrenzen.

Im Jahre 430 v.u.Z. trat in Athen eine „Pestepidemie"[324] auf, die sich bis 427/26 hinzog[325]. *Nicht nur die Ärzte waren mit ihrer Behandlung machtlos gegen die unbekannte Krankheit ... auch jede andere menschliche Kunst versagte: alle Bittgänge zu den Tempeln, Weissagungen und was sie dergleichen anwandten, half alles nichts*[326]. Die Natur der Krankheit war unfassbar. Der Historiker Thukydides (3.3.2.) beschrieb den Verlauf der Epidemie *wie es war; nur die Merkmale, an denen man sie wiedererkennen könne, um dann Bescheid zu wissen, wenn sie je nochmal hereinbrechen sollte*[327]. Seine Beschreibung der Symptome der Krankheit ist zwar wenig spezifisch, sie träfe für einige andere Ansteckungen zu[328], doch an die Beobachtung von Krankheitsverläufen konnten die ersten fassbaren Ansätze zu einer Medizin als Wissenschaft anknüpfen.
Die Beschreibung des Thukydides war literarisches Vorbild für spätere Seuchenbeschreibungen[329].

* Auf Asklepios beriefen sich die die Asklepiaden (2.3.1.7.). Die bemühten sich über lange Zeit, den Kreis der Eingeweihten auf das eigene Geschlecht zu beschränken, damit ihr Wissen nicht durch Uneingeweihte unter das Volk gebracht würde. Sie breiteten sich um das 5. Jahrhundert v.u.Z. über ganz Griechenland aus und manche haben sich ohne Berechtigung als Asklepiaden ausgegeben[330].

Ausblick: Auf Asklepios berief sich auch Hippokrates von Kos (ca. 460 – 370) und seine Schule (4.1.1.4.). Er war etwa ein Zeitgenosse des Sokrates[331], Platon ist der erste, der ihn erwähnte[332]. Diesem Hippokrates wurde eine Sammlung von Schriften zugeschrieben: Der Corpus Hippocraticum enthält sechzig Abhandlungen. Dieser Hexacontabiblos ist über die Bibliothek von Alexandria auf uns gekommen[333] (4.1.1.4.). Die Masse der Texte stammt wohl aus dem 5/4. Jahrhundert. Bis zur Neuzeit haben sich die Ärzte auf Hippokrates berufen[334].
Der Corpus Hippocraticum ist unabhängig von Religion und Magie. *Jede Krankheit hat einen natürlichen Ursprung und ihre Kraft für sich, und gegen keine sind wir ohne Rat und ohne Hilfe*[335]. In den hippokratischen Schriften erschien das erste Mal das Gehirn als Zentralorgan und Sitz des geistigen und seelischen Lebens, dessen Funktion durch die inneren Organe, beeinflusst wird[336].

Doch die Vision, dass jede Krankheit heilbar sei, war utopisch, denn hinter dem Anspruch verbarg sich ein defizitäres Wissen. Weder Gesetzgebung (2.1.2.1., 6.2.4.2.7. und noch Selbstverpflichtung haben das Problem „Arzt und Medizin" gelöst, der gesellschaftlich Diskurs um die medizinische Kunst ging weiter (3.6.2.1.1., 3.6.2.2.3., 3.6.2.2.4., 3.6.2.4., 3.6.3.2.1., 3.6.3.6., 3.6.6., 4.1.1.4., 4.1.2.1.4., 9.1.3.1. und 9.1.3.2.2.).

2.4 Zusammenfassung

* Die dichterische Freiheit wurde in der Mythologie als die Freiheit der Musen artikuliert (2.3.2.). Apollo Musagetes brachte die Musen von ihrer Heimat auf dem Berge Helikon nach Delphi. Doch er zähmte ihre Wildheit und wurde ihr Vortänzer in strengen und feierlichen Tänzen: Dichterische, und allgemein künstlerische Freiheit, ist bedenklich. Sie bedarf der göttlichen Führung (2.3.1.).
Die Verbindung von Apollo mit den Musen besagt, dass die musischen Künste, aber auch die Wissenschaften, der göttlichen Führung bedürfen.

Diese fromme Feindschaft gegen den technischen und wissenschaftlichen, aber auch den musischen Geist ist der erste atechnische Attraktionsbereich, den wir gefunden haben. Die Kritik des Xenophanes (2.3.4.1.), der Sophisten (3.2.) und Platons an der Mythologie haben an diesem Aspekt der Mythen nichts geändert.

Ausblick: In der Tragödie bedeutet Hybris politische Maßlosigkeit (3.4.1.) und bei Thukydides (3.3.2.) und Euripides (3.4.3.) wird Hybris profan gedeutet. Im christlichen Denken (5.1.1., 5.2. und 9.1.7.3.3.), insbesondere bei Augustinus (5.2.1.8.), bildet Hybris, lateinisch superbia, Hochmut den Gegensatz zu humilitas, zum gottgefälligen Leben in Demut (5.1.4.). Der schillernde Terminus Superbia, Überheblichkeit, ist auch an der Schwelle der Neuzeit ein Leitmotiv im gesellschaftlichen Diskurs um die Wissenschaften (10.3.4.).
Diese fromme Feindschaft ist bis heute wirksam, indem sie unsere Werturteile leitet, selbst wenn wir ihrer nicht mehr bewusst sind. Für die Philosophie sind beide Vorstellungen Topoi, Denkstrukturen, die ohne wesentliche Veränderungen und von ihrem ursprünglichen Kontext unabhängig verwendbar sind. Für die Kulturelle Entwicklung einer Gesellschaft sind sie irrationale Motivatoren, welche unter spezifischen Bedingungen eine Entwicklung auf einen atechnischen Attraktionsbereich hin auslösen, von dem die Gesellschaft ohne fremde Hilfe nicht mehr loskommt.

Im weiteren Vorgehen liegt der Schwerpunkt unserer Betrachtung auf Zeiten der großen Umbrüche. Denn diese Veränderungen sind es, die eine grundsätzliche Reflexion und Diskussion auch über die Rolle der artes auslösen und Stellungnahmen provozieren. Die Zeiten der Regression, der Stagnation oder Zeiten der gemächlichen Entwicklung haben kaum einen gesellschaftlichen Diskurs hervorgerufen und bilden daher einen weitgehend blinden Fleck auch für unsere Untersuchung. Paradigmenwechsel oder Bemühungen zur Wiederbelebung verlorenen Wissens dagegen wurden wie Umbrüche kritisch begleitet.

3 Aufbruch in Athen: Die vita contemplativa

In diesem Kapitel untersuchen wir die Zeichen für eine Eigendynamik der τέχναί und die Kontroversen in Athen des 5. und 4. Jahrhunderts v.u.Z., welche die Entstehung neuer Techniken begleiten. Dabei haben wir auch die Kontroversen bezüglich der bewahrenden Elemente zu beachten, d.h. einen breiten gesellschaftlichen Diskurs, in dem Leitideen zum Umgang mit den τέχναί formuliert wurden.

In dieser Untersuchung werden die lebhaften intellektuellen Auseinandersetzungen in Athen des 5. und 4. Jahrhunderts v.u.Z. zwischen Sophistik (3.2), Theater (3.4. und 3.5.) und Philosophie (3.6.) und unter den Philosophen Sokrates, Platon, Aristoteles u.a. wegen ihrer Komplexität aber auch wegen deren Bedeutung einen breiteren Raum einnehmen. In diesem brodelnden gesellschaftlichen Diskurs werden nicht nur Argumente und Einstellungen sichtbar, sondern es formieren sich auch Positionen und Frontlinien.

Zugleich und in eben diesem formativen Prozess haben sich auch wichtige Methoden wissenschaftlichen Denkens ergeben.

Die Werke Platons (3.6.2.), Aristoteles` (3.6.3.), Diogenes von Apollonia (3.6.4.), Demokrit (3.6.5.), Xenophon (3.6.6.) und Alkidamas von Elea (3.6.7.) werden nicht isoliert, nur textimmanent für sich gesehen, denn sie sind Beiträge zum gesellschaftlichen Diskurs ihrer Zeit, an dem auch „die Sophistik" (3.2.), „die Geschichtschreibung" (3.3.), „die Tragödie" (3.4.) und „die Komödie" (3.5.) beteiligt waren. Verweise im Text sollen helfen diese Verknüpfung nachzuvollziehen.

* Den atechnischen Attraktionsbereich dieses Diskurses beschreiben wir mit der platonisch-aristotelischen Vorstellung einer "vita contemplativa". Mit diesem Terminus haben wir deshalb das Kapitel 3 überschrieben.

4 Die Bukolik, die „grüne Alternative"

Die Szenerie auf der politischen Bühne hat sich nach den Eroberungen durch Alexander radikal verändert. An den Höfen der Diadochen entstanden neue überregionale Kulturzentren. Durch die Gründung neuer Städte und deren Besiedlung durch Griechen wurden Elemente der griechischen Kultur weit über die bereits kolonisierte Welt des Ionischen-, des Schwarzen- und Mittelmeeres hinausgetragen. Diese verbanden sich mit lokalen Einflüssen zur Kultur des „Hellenismus".

Wir werden zunächst die Entwicklung der artes in Alexandria unter den Ptolemäern (4.1.1.) als den spieltheoretischen Hintergrund für die Hellenisierung Roms und die Kulturpolitik der römischen Kaiser (4.1.2.und 4.1.2.2.1.) betrachten.

* Als „die Römer" die mediterrane Welt erobert hatten wurde die Szenerie verwickelt: Politische Beamte, Konsuln, Zensoren, Kaiser, Magistrate und Privatleute als Mäzene hatten einen wichtigen Einfluss auf die Entwicklung der artes und ihrer Zweige (4.1.2.1.7.).

Die Römer mussten sich auch mit den kulturellen Leistungen der griechischen und der hellenistischen Welt (4.2.) auseinandersetzen. Es gab einen Enthusiasmus, aber auch einen prüfenden Blick: Was war davon für die Römer brauchbar, was war abzulehnen? Dieser Frage werden wir in den Miniaturen 4.1.1., 4.1.2.2. und 4.2.7. untersuchen. Ein wichtiges Instrument im gesellschaftlichen Diskurs war die Satire (4.3.3.).

* Der spezifische atechnische Attraktionsbereich der hellenistischen und römischen Antike artikuliert sich im bukolischen Idyll als eine „grüne Alternative" (4.3.4.), daher auch die Überschrift des Kapitels. Doch wir suchen auch nach den Wurzeln und den spezifischen Eigenarten dieses Idylls.

5 Die christliche vita contemplativa und die "doctrina christiana"

Bevor wir die Einstellungen der „doctrina christiana" zu den artes (5.3.) untersuchen müssen wir als Hintergrund die formative Phase des Christenrums (5.1.1.) und die Auseinandersetzung der Apologeten mit den Heiden (5.1.2. und 5.1.3.) betrachten. Wichtige Anhaltspunkte ergeben sich auch aus dem internen Diskurs um die „reine Lehre" (5.1.5.). Auf dem Weg zur „Reichskirche" (5.1.6.) entstand in der Auseinandersetzung mit den artes der Spätantike eine „doctrina christiana". Was konnten die Väter der Kirche von den heidnischen artes akzeptieren? (5.2.)

Mit der monastischen Bewegung treten das erste Mal „Non-Gouvernement" - Institutionen als Spielteilnehmer in unser Blickfeld. Sie sind für unsere Untersuchung von großer Bedeutung (5.1.4.). Eine christliche Spezialwissenschaft wurde der „Computus" (5.2.2.).

Auch die Einstellungen zu den bisher gefundenen atechnischen Attraktoren: Hybris, die vita contemplativa und das bukolische Idyll müssen auf ihr Fortleben und eventuelle christliche Interpretation untersucht werden.

6 Das muslimische Leitbild: Die Urgemeinde von Medina

Auch im Kapitel „Islam" müssen wir als Einleitung die formative Phase kurz skizzieren (6.1.). Wichtige Aspekte für uns sind:

.... Der Koran (6.1.1. und .2.1.1.), die Prophetentradition (Hadith, 6.1.2. und 6.2.1.2.), die verschiedenen religiösen Systeme innerhalb des Islams (6.1.5.) und die Rechtsgelehrsamkeit (6.1.4.). Die Anwendung der Spieltheorie ist hier besonders reizvoll (6.2.1.):

.... In den politischen Machtzentren konkurrierten verschiedene religiöse Systeme miteinander und auch mit weltlicher Gelehrsamkeit. Welche Rolle haben die Emire, Sultane, Kalifen und ihre Wesire gespielt? Mit wem haben sie sich verbündet? Wie weit hat ihre Macht gereicht? Wie stabil waren die Koalitionen? (6.2.1.3.) Auch beim Versuch philosophische Vernunft und Glaube miteinander zu versöhnen (6.2.) müssen wir auf die Spielsituation achten. Spezifische Situationen ergaben sich sowohl bei der Rezeption der antiken Wissenschaften (6.1.7.) als auch für die einzelnen Zweige der artes (6.2.4. und 6.2.5.).

Um die Einstellungen zu den artes kennenzulernen dürfen wir nicht nur auf Äußerungen zu den „Spitzenleistungen" achten. Wir haben neben

.... direkten Zeugnissen wie konkrete Äußerungen (6.2.3.), Nachrichten über Bücherverbrennungen oder Redeverboten (6.2.1.3.10.)

.... auch indirekte Zeugnisse zu den Einstellungen zu weltlichem Wissen und zu den Künsten. Solche sind die Lebenswege der Gelehrten. Auch diese können wichtige Hinweise zu den Einstellungen und Motivationen enthalten.

Fragen zu wissenschaftlicher Kommunikation werden in einer eigenen Miniatur behandelt (6.2.4.2.10.)

Die nun folgenden drei Kapitel behandeln Prozesse, die zum Teil gleichzeitig verlaufen und sich überlappen, die aber miteinander gekoppelt sind.

7 Die Rezeption der „Alten" im lateinischen Westen

In diesem Kapitel wollen wir verschiedene Wege der Vermittlung der antiken artes und der Einstellungen zu diesen in ihrem politischen Kontext untersuchen. Jeder dieser Ansätze wurde aus einer spezifischen Situation angeregt, hatte eine spezifische

Motivation und einen spezifischen Verlauf. In der Zeit der „karolingischen Renaissance" (7.1.), in Lotharingia (7.2.), in Kastilien (7.3.), ebenso wie in Sizilien der Normannen und der Staufer (7.4.) und auf der italienischen Halbinsel wurden die Werke der "Alten" aus unterschiedlichen Quellen und unterschiedlicher Motivation und in je verschiedenem Umfang rezipiert.

Diese Untersuchung erfordert eine Akribie um eingängige pauschale Aussagen zu vermeiden und um den Kontext der Rezeption zu erfassen: In wessen Auftrag, in welchem Zusammenhang wurde von wem wann was übersetzt? Hintergrund dieser Rezeption bildeten religiöse Auseinandersetzungen: Die Kreuzzüge, die Reconquista auf dem iberischen Halbinsel, Missionsbestrebungen unter den Muslimen, der Kampf gegen Ketzerbewegungen. Auch die Kontakte der lateinischen Kirche nach Konstantinopel und die Bestrebungen die kirchliche Einheit wieder herzustellen (7.4.4. und 7.5.) hatten als Nebenwirkung, dass Werke der „Alten" vermittelt wurden (7.5.). Wir fragen dabei auch nach der Motivation für die Rezeption „der Alten".

8 Glaube und Vernunft im lateinischen Mittelalter

Diese Periode der Rezeption fiel mit den Kreuzzügen, den häretischen Bewegungen des Mittelalters (8.2.) und den ersten Versuchen die Inquisition zu systematisieren zusammen (8.2.4.). Sie bilden den Hintergrund für eine Grundsatzdiskussion um Glaube und Vernunft. Zusätzliche Spieler waren die Bettelorden (8.2.3.) Das Bekanntwerden dieser Schriften löste den Streit um Aristoteles aus und erzeugte eine heftige Diskussion, die zur Formulierung des scholastischen Vermittlungsversuches zwischen Vernunft und Glaube führte (8.3.3.).

Welche Rolle haben die Instrumente der Kirche in der Auseinandersetzung mit ketzerischen Lehren im 13. Jahrhundert, die Bettelorden (8.1.3.), die Inquisition und das zentralisierte Inquisitionsverfahren (8.1.4.) in diesem Diskurs gespielt? Waren sie in ihrem Umgang mit „Aristoteliker", „Averroisten", Philologen und andere Wissenschaftlern einheitlich? Gab es in den Streitigkeiten (8.3.) Schwerpunkte?
Wir unterteilen die Auseinandersetzung in drei Phasen, in eine frühe, eine mittlere und eine Endphase. Dadurch treten die spieltheoretischen Aspekte der Auseinandersetzung deutlicher hervor.

9 Die artes vom Mittelalter zur Anbruch der Neuzeit

* Das lateinische Mittelalter lernte durch griechische und arabische Vermittlung nicht nur Werke der Literatur und der Philosophen, sondern auch astronomische, medizinische, mathematische und alchemistische Werke und Vorstellungen kennen, die das fast schon erstarrte wissenschaftliche Denken in Bewegung setzen (9.1.).
* Durch das Auftreten der Klöster und der Städte als aktive Wirtschaftszentren bzw. als zusätzliche Spielteilnehmer wurde der spieltheoretische Hintergrund für die soziale Bewertung der artes (9.2.1.) komplexer (9.2.1.2.1.). Gab es oligopolistische oder gar atomistische Konstellationen? Welche Rolle spielten die Gilden und die Zünfte? (9.2.1.2.). Gab es auch monopolistische Tendenzen? (9.2.1.3.).

* In diesem Kapitel wollen wir auch untersuchen, wie der Primatsanspruch der Theologie (9.2.2.1.) sich in der Kunst auswirkte: Gab es theologisch begründete Kontroverse? Waren die Anforderungen eindeutig? (9.2.2.1. und 9.2.1.2.).

10 Anbruch einer neuen Zeit

Eine kurze Betrachtung des Terminus „Renaissance" zeigt erneut die Problematik der Periodenabgrenzung. Wir nennen dieses Kapitel der Untersuchung deshalb „Anbruch einer neuen Zeit". Dieser Anbruch wurde von einer Palette von Konflikten und einem breiten öffentlichen Diskurs begleitet. Diese haben alle drei Zweige der Artes erfasst.

* Einen wichtigen Hintergrund für die Konflikte bildet die Entstehung einer „Informationsgesellschaft" (10.1.) und eines breiten öffentlichen Diskurses. Wichtige Momente sind, neben dem Briefwechsel der Humanisten (10.1.1.), die Post (10.1.2.), die Universitäten (10.1.3.), die Akademien (10.1.4.), informelle Zirkel (10.1.5.), neue Medien (10.1.6.) und Bestrebungen das Bildungssystem zu reformieren (10.1.7.).

Gab es Versuche diese Entwicklung zu steuern oder gar zu kontrollieren? Welche Instrumente wurden dazu eingesetzt? (10.2.) Wir untersuchen die Wirksamkeit dieser Instrumente (10.2.2.). Neben den bekannten Institutionen waren die Jesuiten eine neue Gruppe von Spielteilnehmer. (10.2.3.). Wir wollen Satzungen der Gesellschaft Jesu untersuchen: Welche Ansätze gab es für den Umgang mit den weltlichen Wissenschaften?

* Spezifische Aspekte eines allgemeinen gesellschaftlichen Diskurses ergeben sich für die drei Zweige der artes (10.3.1. bis 10.3.3.) vor dem Hintergrund der kirchlichen Reformationsbewegungen: Der gesellschaftliche Diskurs hat nicht nur das neue Weltbild, sondern auch die Kunst im engeren Sinne und auch die technologische Entwicklung thematisiert. Sowohl skeptische als auch utopische Positionen haben den Diskurs geprägt.

* In diesem Kapitel soll die frühe Aufklärung den zeitlichen Horizont dieser Untersuchung abschließen. Die „Kopernikanische Wende", der „Fall Galilei", Arbeiten zur „Angewandten Mathematik" haben die Einstellung zur „Philosophie" und zur „Physik" verändert. Als markante Vertreter dieser gewandelten Einstellung betrachten wir Bacon (10.4.2.), Hobbes (10.4.3.), Pascal (10.4.4.) Descartes (10.4.5.), Bayle (10.4.6.), Fontenelle (10.4.7.) und Algarotti (10.4.8.).

Den spieltheoretischen bzw. politischen Hintergrund der frühen Aufklärung bilden: Die Informationsgesellschaft, die Inquisition, die Entwicklung des Staatlichen Absolutismus in Frankreich und England, das liberale Holland. In diesem Kapitel wollen wir Einstellungen, insbesondere zu dem Fortschritt der Wissenschaften untersuchen. Für unsere Untersuchung interessant sind verschiedene Querellen, die „Querelle des ancients et des modernes" (10.4.7.) und die „Querelle von Utrecht" (10.4.4.)

11   Literatur zu Kapitel 1 und 2

	Lexikon der Antike
	Historisches Wörterbuch der Philosophie
Abdel Gahar Shedid,	Die Felsengräber von Beni Hassan in Mittelägypten
Allchin, Bridget and Raymond	The rise of civilization in India and Pakistan
Althoff, Jochen und Zeller, Dieter	Die Worte der sieben Weisen
Arrow, K.J.	Social Choise and individual Values
Badisches Landesmuseum Karlsruhe (Hg),	Die ältesten Monumente der Menschheit
Badisches Landesmuseum Karlsruhe (Hg),	Zeit der Helden
Badisches Landesmuseum Karlsruhe (Hg),	Jungsteinzeit im Umbruch
Balansard, Anne	Techne dans les dialogues de Platon
Barnsley, Michael F.	Fractals Everywhere
Bartels, Klaus	Vita brevis, ars longa; in Antike Welt, Heft 6/2006
Beinhauer, Karl W.	Die Sache mit Hand und Fuß, 8000 Jahre Messen und wiegen
Bierbrier, Morris	The Tomb-bilders of the Pharaohs
Bloch, Ernst	Geist der Utopie
Bohn Robert et al,	Fernhandel in Antike und Mittelalter
Bonnet, Hans	Reallexikon der Ägyptischen Religionsgeschichte
Boyer, Carl B.	A History of Mathematics
Brodbeck, Karl-Heinz	Die fragwürdigen Grundlagen der Ökonomie
Brodersen, Kai	Die Wahrheit über die Griechischen Mythen, Palaiphatos` „Unglaubliche Geschichten", Einleitung
Brunner, Hellmut	Die Weisheitsbücher der Ägypter
Brunschwig, Jacques und Lloyd, Geoffrey	Das Wissen der Griechen, Eine Enzyklopädie
Burkert, Walter	Griechische Religion der archaischen und klassischen Epoche
Casson, Lionel	Bibliotheken in der Antike
Casson, Lionel	Reisen in der Alten Welt
Cicero	Der Redner
Clark, Matthew	Exploring greek Myth
Curie, Anton	Die Medizin der Pharaonen, Heilkunst im alten Ägypten
Curt-Engelhorn-Stiftung für die Reiss Engelhorn-Museen et al (Hg)	Uruk, 5000 Jahre Megacity
Dalley, Stephany	Myths from Mesopotamia
Davies, Paul	Prinzip Chaos
Diamond, Jared	Guns, Germs and Steel. The Fates of Human Societies
Diels / Kranz	Fragmente der Vorsokratiker
Diogenes Laertios	Leben und Meinungen berühmter Philosophen
Eisenstadt, S.N.	Kulturen der Achsenzeit.
Elias, Norbert	"Über den Prozess der Zivilisation, Entwurf einer Theorie der Zivilisation"
Engels, Johannes	Die Sieben Weisen, Leben, Lehren und Legenden

Erasmus von Rotterdam	Das Lob der Torheit
Fagan, Bian M.	Die 70 großen Erfindungen des Altertums
Fink, Gerhard	Who is who in der antiken Mythologie
Gericke, Helmuth	Mathematik in Antike
Giebel, Marion	Das Orakel von Delphi. Geschichte und Texte
Goold, G.P.	Hippokrates
Graichen, Gisela und Hesse, Alexander	Die Bernsteinstrasse
Grassi, Ernesto	Die Theorie des Schönen in der Antike
Güth, Werner	Spieltheorie und ökonomische (Bei)Spiele
Haarmann, Harald	Das Rätsel der Donauzivilisation. Die Entdeckung der ältesten Hochkultur Europas
Haarmann, Harald	Universalgeschichte der Schrift
Haustein, Heinz-Dieter	Universalgeschichte des Messens
Heath, Sir Thomas	Aristarchus of Samos, the ancient Copernicus
Heath, Sir Thomas	A History of Greek Mathematics
Hein, Wolfgang	Die Mathematik im Altertum
Hesiod	Theogonie; Ders. Werke und Tage
Hippokrates,	Aphorismen
Hippokrates,	Ausgewählte Schriften (Karl-Heinz Leven)
Hirmer, Max u. Otto, Eberhard	Ägyptische Kunst
Hodel-Hoenes, Sigried	Leben und Tod im Alten Ägypten
Hofstätter, Peter R.	Gruppendynamik
Holler Manfred J. und Illing, Gerhard	Einführung in die Spieltheorie
Homer	Odyssee
Homerische Hymnen	Hymnus an Hephaistos
Horn, Ch. u. Rapp Ch.	Wörterbuch der antiken Philosophie
Horn, Cristoph u. Rapp, Christof	Wörterbuch der antiken Philosophie
Hornung, Erik	Tal der Könige, Die Ruhestätten der Pharaonen
Hrouda:, Bartel	Der Alte Orient
Ippokrate,	Aforismi e Giuramento
Jacq, Christian	Les grands sages de lÈgypte ancienne
Jochum, Uwe	Geschichte der Abendländischen Bibliotheken
Junker, Klaus und Strohwald, Sabrina	Götter als Erfinder, Die Entstehung der Kultur in der griechischen Kunst
Kaye, Brian	Chaos & Complexity
Kerenyi, Karl	Die Mythologie der Griechen
Kirk, G.S.; Raven, J.E.; Schofield, M.	Die vorsokratischen Philosophen
Klaffenbach, Günther	Griechische Epigraphik
Kaiser, Walter und König, Wolfgang (Hg),	Geschichte des Ingenieurs. Ein Beruf in sechs Jahrtausenden
Kranz, Walther	Geschichte der griechischen Literatur
Kuhn, S. Thomas	Die Struktur wissenschaftlicher Revolutionen
Kultermann, Udo	Kleine Geschichte der Kunsttheorie
Archäologisches Landesmuseum Baden-	Eiszeit, Kunst und Kultur

Württemberg (Hg)	
Lasserre, Francois	The Birth of Mathematics in the Age of Plato
Latacz, Joachim et al.	Homer, Der Mythos von Troia in Dichtung und Kunst
Lattimore, Richmond	Themes in greek and latin epitaphs
Lelgemann, Dieter	Die Erfindung der Messkunst, Angewandte Mathematik im antiken Griechenland
Lippert, Andreas	Wirtschaft und Handel in den Alpen. Von Ötzi bis zu den Kelten
Lloyd, G.E.R.	Magic, Reason and Experience
Löbl, R.	Techne, Bd. I und II
Lurker, Manfred	Götter und Symbole der alten Ägypten
Luther-Bibel 1545:	Das fünfte Buch Mose (Deuteronomium)
M.Gutgesell	Arbeiter und Pharaonen
Malinowski, Bronislaw	Sir James George Frazer : Eine Biographische Würdigung in: Eine wissenschaftliche Theorie der Kultur und andere Aufsätze;
Mandelbaum, Benoit B.	Die fraktale Geometrie der Natur
Maul, Stefan M.	Der Gilgamesch-Epos
Maziarz, E.A. und Greenwood, Th.	Greek mathematical Philosophy
Meißner, Burkhard	Die technologische Fachliteratur der Antike, Struktur, Überlieferung und Wirkung technischen Wissens in der Antike (ca. 400 v.u.Z. – ca. 500 u.Z.)
Mellars, Paul and Stringer, Chris (eds)	The Human Revolution, S. 338
Muschalla, Rudolf	Zur Vorgeschichte der Technischen Normung
Müller-Karpe, Hermann	Geschichte der Steinzeit
Neugebauer, O.	The Exact Sciences in Antiquity
Neumann – Morgenstern	Spieltheorie
Nilsson, Martin P.	Geschichte der Griechischen Religion
Nissen, Hans J.	Grundzüge einer Geschichte der Frühzeit des Vorderen Orients
Nunn, Astrid	Alltag im alten Orient
Obleser, Horst	Gilgamesch
Petrarca	Brief von Petrarca an Giovanni Boccaccio, Padua, 28.Mai 1362
Pichot, Andre	Die Geburt der Wissenschaft
Pocs Eva	Magikus es szakralis medicina
Ranke-Graves, Robert von	Griechische Mythologie
Riederer, Josef	Arckäologie und Chemie
Riedweg, Christoph	Pythagoras
Robinson, Andrew	Die Geschichte der Schrift,
Roeder, Günther	Urkunden zur Religion des Alten Ägypten; ders. Ägyptische Mythologie – Die Götterwelt
Rötzer, Hans Gerd	Traditionalität und Modernität in der europäischen Literatur
Roux, Georges und Renger, Johannes,	Irak in der Antike
Rudmann, Peter S.	How Mathematics Happened
Saleh, Mohamed et al.	Offizieller Katalog: Das Ägyptische Museum
Schadewaldt, Wolfgang	Die Anfänge der Geschichtsschreibung bei den Griechen
Schadewaldt, Wolfgang	Die Frühgriechische Lyrik
Schlott, Adelheid	Schrift und Schreiber im alten Ägypten

Schmökel, Hartmut	Kulturgeschichte des Alten Orients
Schubert, Charlotte	Der hippokratische Eid, Medizin und Ethik von der Antike bis heute
Schulz, Raimund	Die Antike und das Meer
Schultz, Regine u. Seidel, Mathias	Ägypten, Die Welt der Pharaonen
Schultz, Walter	Philosophie in der veränderten Welt
Spektrum der Wissenschaft	Chaos und Fraktale; 1989
Spektrum Spezial	Spektrum Spezial 2/11, Im Bann der Wüste
Spence, Lewis	Egypt, Myths and Legends
Der Spiegel	Titel 52/2005
Stiftung Historisches Museum der Pfalz	Ägyptens Schätze entdecken
Strohmaier, Gotthard (Hg)	In den Gärten der Wissenschaft
Stückelberger, Alfred	Einführung in die antiken Naturwissenschaften
Voskuhl, Thomas (Ü)	Äsop, Fabeln
Westendorf, Wolfhart	Erwachen der Heilkunst, Die Medizin im alten Ägypten
Wiczorek, Alfried (Hg),	Menschen Zeit

12 Referenzen

[1] Cicero, Der Redner, 120

[2] Walter Schultz, Philosophie in der veränderten Welt: Vorwort

[3] Ernst Bloch, Geist der Utopie

[4] Die Welt, 6.6.2007

[5] Historisches Wörterbuch der Philosophie

[6] Norbert , Elias "Über den Prozess der Zivilisation", Zusammenfassung: Entwurf einer Theorie der Zivilisation; Bd. I, Einleitung X

[7] Thomas S. Kuhn, Die Struktur wissenschaftlicher Revolutionen

[8] Aristophanes: Die Wolken, 324

[9] Norbert , Elias "Über den Prozess der Zivilisation", Zusammenfassung: Entwurf einer Theorie der Zivilisation; Bd. I, Einleitung XVI

[10] Norbert , Elias „Über den Prozess der Zivilisation", Zusammenfassung: Entwurf einer Theorie der Zivilisation; Bd. II, S. 313

[11] Wolfgang Krohn und Günter Küppers, Rekursives Durcheinander; in: Kursbuch 98, Das Chaos, S. 69

[12] Chaos und Fraktale, in: Spektrum der Wissenschaft 1989; Brian Kaye, Chaos & Complexity: Sec. 1.10; Paul Davies, Prinzip Chaos: S70; Benoit B. Mandelbaum, Die fraktale Geometrie der Natur, S. 206

[13] Karl-Heinz Brodbeck, Die fragwürdigen Grundlagen der Ökonomie: S. 254

[14] Peter R.Hofstätter, Gruppendynamik: S.72; Arrow, K.J., Social Choise and individual Values

[15] S.N. Eisenstadt, Kulturen der Achsenzeit.

[16] Bronislaw Malinowski, Eine wissenschaftliche Theorie der Kultur und andere Aufsaetze; S. 77

[17] Alfried Wiczorek (Hg), MenschenZeit

[18] Hermann Müller-Karpe, Geschichte der Steinzeit;

[19] Jared Diamond, Guns, Germs and Steel. The Fates of Human Societies, Ch. XIII

[20] Gerhard Bosinski, Universalgeräte und Spitzentechnologie; in: Archäologisches Landesmuseum Baden-Württemberg (Hg), Eiszeit, Kunst und Kultur, S. 71

[21] Friedeman Schrenk, Vom aufrechten Gang zur Kunst; in: Archäologisches Landesmuseum Baden-Württemberg (Hg), Eiszeit, Kunst und Kultur, S. 52

[22] Alfried Wiczorek (Hg), MenschenZeit

[23] Paul Mellars, Technological changes across the Middle-Upper Paleolithic Transition: Economic, Social and Cognitive Perspectives, in: Paul Mellars and Chris Stringer (eds), The Human Revolution, S. 338

[24] Hermann Müller-Karpe, Geschichte der Steinzeit; S. 21

[25] Harald Hauptmann und Mehmet Özdogan, Die Neolitische Revolution in Anatolien; in: Badisches Landesmuseum Karlsruhe, Die ältesten Monumente der Menschheit, S. 26

[26] Hans J. Nissen, Anfänge und frühe Entwicklung der Stadt Uruk; in: Curt-Engelhorn-Stiftung für die Reiss Engelhorn-Museen et al (Hg), Uruk, 5000 Jahre Megacity, S. 107ff

[27] Gisela Graichen und Alexander Hesse, Die Bernsteinstrasse, S. 260

[28] Gisela Graichen und Alexander Hesse, Die Bernsteinstrasse, S. 242, 267

[29] Gisela Graichen und Alexander Hesse, Die Bernsteinstrasse, S. 49

[30] Luther-Bibel 1545: Das fünfte Buch Mose (Deuteronomium). Die Luther-Bibel, S. 772, (vgl. Dtn 22, 8)

[31] Wikipedia

[32] Hermann Müller-Karpe, Geschichte der Steinzeit; S. 157

[33] Harald Floss, Die frühesten Bildwerke der Menschheit, Das Phänomen Eiszeitkunst; in: Archäologisches Landesmuseum Baden-Württemberg (Hg), Eiszeit, Kunst und Kultur

[34] FAZ.net vom 14.5.2009: 30.9.2009; Nicholas J. Conard und Maria Malina, Spektakuläre Funde aus dem unteren Aurignacien vom Hohle Fels bei Schelkingen, Alb-Donau- Kreis, in: Archäologische Ausgrabungen in Baden-Württenberg 2008, S. 19; Harald Floss, Kunst schafft Identität. Das Aurignacien und die Zeit der ersten Kunst; in: Archäologisches Landesmuseum Baden-Württemberg (Hg), Eiszeit, Kunst und Kultur

[35] Harald Floss, Die frühesten Bildwerke der Menschheit, Das Phänomen Eiszeitkunst; in: Archäologisches Landesmuseum Baden-Württemberg (Hg), Eiszeit, Kunst und Kultur, S. 228

[36] N.J. Conrad; M.Malina, Neue Belege für Malerei aus dem Magdalenien vom Hohle Fels; in: Archäologische Ausgrabungen in Baden- Württenberg 2009, S. 52

[37] Alfried Wiczorek (Hg), MenschenZeit

[38]   Bronislaw Malinowski, Sir James George Frazer : Eine Biographische Würdigung in: Eine wissenschaftliche Theorie der Kultur und andere Aufsaetze; S. 189

[39]   Peter S. Rudmann, How Mathematics Happened: S. 67

[40]   Steinzeitliche frühe Kulturen: Chronik der Jahre 30000 bis vor 3000 v. Heinz-Dieter Haustein: Universalgeschichte des Messens, S. 87 (vgl. Haustein-Chronik, S. 0)]

[41]   Moritz Cantor, Mathematische Beiträge zum Kulturleben der Völker,

[42]   Wikkipedia

[43]   [Luther-Bibel 1912: Das dritte Buch Mose (Leviticus). Die Luther-Bibel, S. 5634 (vgl. Lev 19, 35-36)]

[44]   [Luther-Bibel 1912: Die Sprüche Salomonis. Die Luther-Bibel, S. 7458 (vgl. Spr 11, 1)]

[45]   Luther-Bibel 1912: Die Sprüche Salomonis. Die Luther-Bibel, S. 7473 (vgl. Spr 16, 10-11]

[46]   [Luther-Bibel 1545: Das fünfte Buch Mose (Deuteronomium). Die Luther-Bibel, S. 784 (vgl. Dtn 25, 13-16)]

[47]   Frühe Hochkulturen: Organisation des Meßwesens und Entstehung der Wirtschaftsrechnung. Heinz-Dieter Haustein: Universalgeschichte des Messens, S. 142 (vgl. Haustein-Chronik, S. 0)]

[48]   Rolf C.A. Rottländer, Entstehung und Entwicklung von Maßeinheiten; in: Karl W. Beinhauer, Die Sache mit Hand und Fuß, 8000 Jahre Messen und wiegen; S. 15

[49]   Rudolf Muschalla, Zur Vorgeschichte der Technischen Normung; S. 11

[50]   Ernst Kirsten und Wilhelm Kraiker, Griechenlandkunde, Ein Führer zu den klassischen Stätten, Bd I. S. 125

[51]   Frühe Hochkulturen: Antikes Meßwesen. Heinz-Dieter Haustein: Universalgeschichte des Messens, S. 313 (vgl. Haustein-Chronik, S. 0)]

[52]   Heinz-Joachim Schulzki, Waagen und Gewichte in der Alten Welt; in: Karl W. Beinhauer, Die Sache mit Hand und Fuß, 8000 Jahre Messen und wiegen; S. 27

[53]   Frühe Hochkulturen: Antikes Meßwesen. Heinz-Dieter Haustein: Universalgeschichte des Messens, S. 313 (vgl. Haustein-Chronik, S. 0)]

[54]   Dieter Lelgemann, Die Erfindung der Messkunst, Angewandte Mathematik im antiken Griechenland; Kap. II

[55]   Kerstin Batzel, Feuerstein – Stahl der Eisenzeit? Steinzeitliche Techniken in den Metallzeiten; in: Antike Welt, Heft 3, 2013, S. 62

[56]   Hans J. Nissen, Grundzüge einer Geschichte der Frühzeit des vorderen Orients, S. 118

[57]   Jens Lüning, Zwischen Alltagswissen und Wissenschaft im Neolitikum; in: Johannes Fried und Thomas Keiler (Hg) Wissenskulturen; S. 21

[58]   Udo Kultermann, Kleine Geschichte der Kunsttheorie, S. 17

[59]   Luther-Bibel 1912: Das erste Buch Mose (Genesis). Die Luther-Bibel, S. 5196 (vgl. Gen 2, 15-17)]

[60]   Hans J. Nissen, Anfänge und frühe Entwicklung der Stadt Uruk; in: Curt-Engelhorn-Stiftung für die Reiss Engelhorn-Museen et al (Hg), Uruk, 5000 Jahre Megacity, S. 107ff

[61]   Hans J. Nissen, Anfänge und frühe Entwicklung der Stadt Uruk; in: Curt-Engelhorn-Stiftung für die Reiss Engelhorn-Museen et al (Hg), Uruk, 5000 Jahre Megacity, S. 107ff

[62]   Wikipedia

[63]   Andrew Robinson, Die Geschichte der Schrift, S. 16

[64]   Wikipedia

[65]   Uwe Jochum, Geschichte der Abendländischen Bibliotheken, S. 22

[66]   Hans J. Nissen, Anfänge und frühe Entwicklung der Stadt Uruk; in: Curt-Engelhorn-Stiftung für die Reiss Engelhorn-Museen et al (Hg), Uruk, 5000 Jahre Megacity, S. 107ff

[67]   Astrid Nunn, Alltag im alten Orient; S. 94

[68]   Harald Hauptmann und Mehmet Özdogan, Die Neolitische Revolution in Anatolien; in: Badisches Landesmuseum Karlsruhe, Die ältesten Monumente der Menschheit, S. 26

[69]   Astrid Nunn, Alltag im alten Orient; S. 88

[70]   Komoròczy Gèza (Ü), Fémlö ölednek Èdes örömében, A sumir irodalom kistükre, 1. Enki ès Ninhurszag, Anmerkung zu Zeile 51 ; 6. Enki ès a vilàgrend

[71]   Karin Radner, Lapislazuli, Glas und Gold. Fernhandel im Alten Orient, in: Robert Bohn et al, Fernhandel in Antike und Mittelalter; S.9

[72]   Lionel Casson, Reisen in der Alten Welt, S.15

[73]   Lionel Casson, Reisen in der Alten Welt, S.15

[74]   Wikipedia

[75]   Komoròczy Gèza (Ü), Fémlö ölednek Èdes örömèben, A sumir irodalom kistükre, 6. Enki ès a vilàgrend, 123ff

[76]   Bridget and Raymond Allchin, The rise of civilization in India and Pakistan, p. 183ff

[77]   Rafique Mughal, Die Indus-Zivilisation: Entstehung einer Hochkultur; in: Vrgessene Städte am Indus, Frühe Kulturen in Pakistan von 8. – 2. Jahrtausend vor Chr., S. 117

[78]   Ute Franke, Die Induskultur – vom Hochland in die Schwemmebene; in. Spektrum Spezial 2/11, Im Bann der Wüste, S. 32ff

[79]   Lionel Casson, Reisen in der Alten Welt, S.31

[80]   Uwe Jochum, Geschichte der abendländischen Bibliotheken, S. 22

[81]   Andre Pichot: Die Geburt der Wissenschaft, S25ff; C.B.F.Walker in: Bartel Hrouda: Der Alte Orient, S247ff; O. Neugebauer: The Exact Sciences in Antiquity; Helmuth Gericke: Mathematik in Antike, Orient und Abendland; Carl B. Boyer: A History of Mathematics

[82]   Komoròczy Gèza (Ü), Fémlö ölednek Èdes örömèben, A sumir irodalom kistükre, 64. A Tàbla hàzànak a fia

[83]   Evelyn Klengel-Brandt, Die Herrscher von Assur, S. 111

[84]   Evelyn Klengel-Brandt, Die Herrscher von Assur, S. 118

[85]   Lexikon Alter Orient

[86]   Bacskay Andras, A mezopotamiai orvosi szövegek magikus elemei, in: Pocs Eva, Magikus es szakralis medicina; S. 19

[87]   Astrid Nunn, Aufstieg und Fall der Städte im alten Orient; in: Antike Welt, Heft 3, 2007, S. 41

[88]   Andre Pichot: Die Geburt der Wissenschaft, S. 129

[89]   Andre Pichot: Die Geburt der Wissenschaft, S. 129

[90]   Bacskay Andras, A mezopotamiai orvosi szövegek magikus elemei, in: Pocs Eva, Magikus es szakralis medicina; S. 19

[91]   Die französische Pharmazie vom 3. Jahrhundert bis zur Gegenwart (Georges Dillemann): Die Arzneirohstoffe. Illustrierte Geschichte der Medizin, S. 3398 (vgl. GdMed Bd. 3, S. 1682-1683) (c) Andreas & Andreas 1986]

[92]   O. Neugebauer, The exact sciences in Antiquity, S. 29

[93]   O. Neugebauer, The exact sciences in Antiquity, S. 20, 29

[94]   Peter S. Rudmann, How Mathematics Happened: S. 134

[95]   O. Neugebauer, The exact sciences in Antiquity, S. 31

[96]   O. Neugebauer, The exact sciences in Antiquity, S. 48

[97]   O. Neugebauer, The exact sciences in Antiquity, S. 9

[98]   Wolfgang Hein, Die Mathematik im Altertum, S. 28

[99]   Evelyn Klengel-Brandt, Die Herrscher von Assur, S. 121

[100]   Luther-Bibel 1912: Der Prophet Daniel. Die Luther-Bibel, S. 8209 (vgl. Dan 2, 10)]

[101]   Luther-Bibel 1912: Der Prophet Daniel. Die Luther-Bibel, S. 8227 (vgl. Dan 5, 7)]

[102]   Luther-Bibel 1912: Der Prophet Daniel. Die Luther-Bibel, S. 8208 (vgl. Dan 2, 2; 4,4; 5,11)]

[103]   Ariel M. Bagg, Eva Cancig-Kirschbaum, Technische Experten in frühen Hochkulturen: Der Alte Orient; in: Walter Kaiser und Wolfgang König (Hg), Geschichte des Ingenieurs. Ein Beruf in sechs Jahrtausenden, S. 30

[104]   Ariel M. Bagg, Eva Cancig-Kirschbaum, Technische Experten in frühen Hochkulturen: Der Alte Orient; in: Walter Kaiser und Wolfgang König (Hg), Geschichte des Ingenieurs. Ein Beruf in sechs Jahrtausenden, S. 12

[105]   L. W. King (Ü) Codex Hamurabi 228-232

[106]   L. W. King (Ü) Codex Hamurabi 234-235

[107]   Ariel M. Bagg, Eva Cancig-Kirschbaum, Technische Experten in frühen Hochkulturen: Der Alte Orient; in: Walter Kaiser und Wolfgang König (Hg), Geschichte des Ingenieurs. Ein Beruf in sechs Jahrtausenden, S. 24

[108]   Ariel M. Bagg, Eva Cancig-Kirschbaum, Technische Experten in frühen Hochkulturen: Der Alte Orient; in: Walter Kaiser und Wolfgang König (Hg), Geschichte des Ingenieurs. Ein Beruf in sechs Jahrtausenden, S. 27

[109]   Ariel M. Bagg, Eva Cancig-Kirschbaum, Technische Experten in frühen Hochkulturen: Der Alte Orient; in: Walter Kaiser und Wolfgang König (Hg), Geschichte des Ingenieurs. Ein Beruf in sechs Jahrtausenden, S. 10

[110]   Evelyn Klengel-Brandt, Die Herrscher von Assur, S. 111

[111]   Astrid Nunn, Alltag im alten Orient; S. 83

[112]   Astrid Nunn, Aufstieg und Fall der Städte im alten Orient; in: Antike Welt, Heft 3, 2007, S. 45

[113]   Astrid Nunn, Alltag im alten Orient; S. 89

[114]   Uwe Jochum, Geschichte der Abendländischen Bibliotheken, S. 30

[115]   Monika Zöller-Engelhardt, Bauern und Handwerker; in: Stiftung Historisches Museum der Pfalz, Ägyptens Schätze entdecken, S. 202.

[116]   Monika Zöller-Engelhardt, Grabstatuen und Modelle; in: Stiftung Historisches Museum der Pfalz, Ägyptens Schätze entdecken, S. 150

[117]   Elisabeth Kruck, Dein Haus in der Nekropole; in: Stiftung Historisches Museum der Pfalz, Ägyptens Schätze entdecken, S. 156

[118]   M.Gutgesell, Arbeiter und Pharaonen S24

[119]   Mohamed Saleh et al.: Offzieller Katalog: Das Ägyptische Museum, Nr. 39

[120]   Ake Engscheden, Ein Leben für die Königsgräber; in: Stiftung Historisches Museum der Pfalz, Ägyptens Schätze entdecken, S. 196.

[121]   Annabel Lautebach, Schreiber-Hofbeamte, Priester(innen); in: Stiftung Historisches Museum der Pfalz, Ägyptens Schätze entdecken, S. 110.

[122]   Heimo Hohneck, Mächtige Könige und Königinnen; in: Stiftung Historisches Museum der Pfalz, Ägyptens Schätze entdecken, S. 116

[123]   M.Gutgesell, Arbeiter und Pharaonen S83ff

[124]   Ake Engscheden, Ein Leben für die Königsgräber; in: Stiftung Historisches Museum der Pfalz, Ägyptens Schätze entdecken, S. 189

[125]   M.Gutgesell, Arbeiter und Pharaonen S66

[126]   Ake Engscheden, Ein Leben für die Königsgräber; in: Stiftung Historisches Museum der Pfalz, Ägyptens Schätze entdecken, S. 196.

[127]   Sigried Hodel-Hoenes, Leben und Tod im Alten Ägypten S. 211ff

[128]   Andreas Dorn, Leben auf der Baustelle, in Antike Welt, Heft 1/2007, S. 19

[129]   M.Gutgesell, Arbeiter und Pharaonen S128ff

[130]   Regine Schultz u. Mathias Seidel: Ägypten, Die Welt der Pharaonen, S 87

[131]   M.Gutgesell, Arbeiter und Pharaonen S128ff

[132]   Ake Engscheden, Ein Leben für die Königsgräber; in: Stiftung Historisches Museum der Pfalz, Ägyptens Schätze entdecken, S. 189

[133]   Abdel Gahar Shedid, Die Felsengräber von Beni Hassan in Mittelägypten

[134]   Erik Hornung, Tal der Könige, Die Ruhestätten der Pharaonen S 95

[135]   Hans Bonnet, Reallexikon der Ägyptischen Religionsgeschichte

[136]   Adolf Erman, Die religion der Ägypter, Ihr werden und Vergehen in vier Jahrtausenden, S. 153ff

[137]   E.A. Wallis Budge, The Gods of the Egyptians or Studies in Egyptian Mythology, Vol. 2, p. 107

[138]   Pyramidentext 916

[139]   Adolf Erman, Die religion der Ägypter, Ihr werden und Vergehen in vier Jahrtausenden, S. 215

[140]   Adelheid Schlott, Schrift und Schreiber im alten Ägypten: S212

[141] Günther Roeder: Ägyptische Mythologie – Die Götterwelt, S. 23ff

[142]   Lionel Casson, Bibliotheken in der Antike, S. 30

[143]   Uwe Jochum, Geschichte der abendländischen Bibliotheken, S. 30

[144]   Andre Pichot: Die Geburt der Wissenschaft, S147ff; O. Neugebauer: The Exact Sciences in Antiquity; Helmuth Gericke: Mathematik in Antike, Orient und Abendland; Carl B. Boyer: A History of Mathematics

[145]   Peter S. Rudmann, How Mathematics Happened: S. 154

[146]   Peter S. Rudmann, How Mathematics Happened: S. 164

[147]   Wolfgang Hein, Die Mathematik im Altertum, S. 75

[148]   Lionel Casson, Reisen in der Alten Welt, S. 13

[149]   Heidi Köpp, Reisen zur Zeit der Pharaonen; in Antike Welt, Heft 3/2012, S. 11

[150]   Lionel Casson, Reisen in der Alten Welt, S. 37

[151]   Anton Curie, Die Medizin der Pharaonen, Heilkunst im alten Ägypten, S. 66

[152]   Anton Curie, Die Medizin der Pharaonen, Heilkunst im alten Ägypten, Relief von Kom Ombo

[153]   Wolfhart Westendorf, Erwachen der Heilkunst, Die Medizin im alten Ägypten, S. 12

[154]   Wolfhart Westendorf, Heilkunduge im Alten Ägypten, in: Heinz Schott, Meilensteine der Medizin, S. 21

[155]   Andre Pichot: Die Geburt der Wissenschaft, S. 217

[156]   Andre Pichot: Die Geburt der Wissenschaft, S. 217

[157]   Anton Curie, Die Medizin der Pharaonen, Heilkunst im alten Ägypten, S. 110

[158]   Die Pharmazeutik in der Antike (Guillaume und Simone Valette): Die Pharmakologie im alten Ägypten. Illustrierte Geschichte der Medizin, S. 953 (vgl. GdMed Bd. 1, S. 473) (c) Andreas & Andreas 1986]

[159]   Die Pharmazeutik in der Antike (Guillaume und Simone Valette): Die Pharmakologie im alten Ägypten. Illustrierte Geschichte der Medizin, S. 958 (vgl. GdMed Bd. 1, S. 475) (c) Andreas & Andreas 1986]

[160]   Anton Curie, Die Medizin der Pharaonen, Heilkunst im alten Ägypten, S. 58

[161]   Wolfhart Westendorf, Erwachen der Heilkunst, Die Medizin im alten Ägypten, S. 38

[162]   Wolfhart Westendorf, Erwachen der Heilkunst, Die Medizin im alten Ägypten, S. 237

[163]   Anton Curie, Die Medizin der Pharaonen, Heilkunst im alten Ägypten, S. 44, 62

[164]   Die Medizin im Alten Ägypten (Ange-Pierre Leca): Irrationale Elemente in der Medizin. Illustrierte Geschichte der Medizin, S. 250 (vgl. GdMed Bd. 1, S. 120) (c) Andreas & Andreas 1986]

[165]   Die Medizin im Alten Ägypten (Ange-Pierre Leca): Die grundlegenden Kenntnisse. Illustrierte Geschichte der Medizin, S. 253 (vgl. GdMed Bd. 1, S. 122) (c) Andreas & Andreas 1986]

[166]   Wolfhart Westendorf, Erwachen der Heilkunst, Die Medizin im alten Ägypten, S. 45

[167]   Anton Curie, Die Medizin der Pharaonen, Heilkunst im alten Ägypten, S. 41

[168]   Wolfhart Westendorf, Erwachen der Heilkunst, Die Medizin im alten Ägypten, S. 267

[169]   Heidi Köpp, Reisen zur Zeit der Pharaonen; in Antike Welt, Heft 3/2012, S. 9;

[170]   Homer: Odyssee. IV. Gesang 229, in: Dichtung der Antike von Homer bis Nonnos, S. 5475 (vgl. Homer-W Bd. 2, S. 55) (c) Aufbau-Verlag]

[171]   Anton Curie, Die Medizin der Pharaonen, Heilkunst im alten Ägypten, S. 42

[172]   Herodot, Das geschichtswerk, II.84

[173]   Die Medizin im Alten Ägypten (Ange-Pierre Leca): Irrationale Elemente in der Medizin. Illustrierte Geschichte der Medizin, S. 249 (vgl. GdMed Bd. 1, S. 119) (c) Andreas & Andreas 1986]

[174]   Hellmut Brunner: Die Weisheitsbücher der Ägypter

[175]   Christian Jacq, Les grands sages de lÈgypte ancienne: 18 Ani, 24 24 Amenemope

[176]   Günther Roeder: Urkunden zur Religion des Alten Ägypten; ders. Ägyptische Mythologie – Die Götterwelt; Manfred Lurker, Götter und Symbole der alten Ägypter; Lewis Spence, Egypt, Myths and Legends; Hans Bonnet, Reallexikon der Ägyptischen Religionsgeschichte

[177]   Adolf Erman, Die religion der Ägypter, Ihr werden und Vergehen in vier Jahrtausenden, S. 91

[178]   M.Gutgesell, Arbeiter und Pharaonen 109ff, Morris Bierbrier, The Tomb-bilders of the Pharaohs S90ff

[179]   Adolf Erman, Die religion der Ägypter, Ihr werden und Vergehen in vier Jahrtausenden, S. 356

[180]   Adolf Erman, Die religion der Ägypter, Ihr werden und Vergehen in vier Jahrtausenden, S. 140

[181]   Wolfhart Westendorf, Erwachen der Heilkunst, Die Medizin im alten Ägypten, S. 18

[182]   Adolf Erman, Die religion der Ägypter, Ihr werden und Vergehen in vier Jahrtausenden, S. 246

[183]   Hans Bonnet, Reallexikon der Ägyptischen Religionsgeschichte

[184]   Michael Sommer, Wir Frösche um einen Teich, in: Robert Bohn et al, Fernhandel in Antike und Mittelalter; S.26

[185]   Johannes Engels, Die Sieben Weisen, Leben, Lehren und Legenden, S. 11

[186]   Jochen Althoff und Dieter Zeller, Die Worte der sieben Weisen; S. 25

[187]   Jochen Althoff und Dieter Zeller, Die Worte der sieben Weisen; S. 60, 65, 74, 75

[188]   Jochen Althoff und Dieter Zeller, Die Worte der sieben Weisen; S. 66

[189]   [Solon: [Lyrik]. Dichtung der Antike von Homer bis Nonnos, S. 9392 (vgl. Griech. Lyrik, S. 71) (c) Aufbau-Verlag]

[190]   Johannes Engels, Die Sieben Weisen, Leben, Lehren und Legenden, Vorwort, S. 7

[191]   www.Faz.net zu Herodot

[192]   Matthew Clark, Exploring Greek Myth, p. 24, 51

[193]   Klaus Junker und Sabrina Strohwald, Götter als Erfinder, Die Entstehung der Kultur in der griechischen Kunst; S. 12

[194]   Klaus Junker und Sabrina Strohwald, Götter als Erfinder, Die Entstehung der Kultur in der griechischen Kunst; S. 87

[195]   Klaus Junker und Sabrina Strohwald, Götter als Erfinder, Die Entstehung der Kultur in der griechischen Kunst; S. 10

[196]   Hesiod, Fragmente, 3433

[197]   Klaus Junker und Sabrina Strohwald, Götter als Erfinder, Die Entstehung der Kultur in der griechischen Kunst; S. 79

[198]   Klaus Junker und Sabrina Strohwald, Götter als Erfinder, Die Entstehung der Kultur in der griechischen Kunst; S. 60

[199]   Pausanias, Beschreibung Griechenlands, X.24.1.

[200]   Homer, Odyssee: I. Gesang

[201]   Hesiod: Theogonie 27

[202]   Die griechische Anthologie, IX.504

[203]   Der Kleine Pauly

[204]   Walter Burkert: Griechische Religion der archaischen und klassischen Epoche S. 260

[205]   Homer, Ilias: XVIII. 614

[206]   Homerische Hymnen, Hymnus an Hephaistos (20)

[207]   Klaus Junker und Sabrina Strohwald, Götter als Erfinder, Die Entstehung der Kultur in der griechischen Kunst; S. 77

[208]   Platon, Kritias 109c

[209]   Walter Burkert: Griechische Religion der archaischen und klassischen Epoche S. 419

[210]   Lexikon der Antike: Daidalos. Lexikon der Antike, S. 1251 (vgl. LDA, S. 128)]

[211]   Matthew Clark, Exploring Greek Myth, p. 62

[212]   Matthew Clark, Exploring Greek Myth, p. 63

[213]   Aischylos: Der gefesselte Prometheus, 442

[214]   Aischylos: Der gefesselte Prometheus, 450

[215]   Hesiod, Werke und Tage: 82

[216]   Hesiod, Werke und Tage: 42 - 105

[217]   Hesiod, Werke und Tage: 85

[218]   Homer: Ilias. Dichtung der Antike von Homer bis Nonnos, S. 4912 (vgl. Homer-W Bd. 1, S. 207) (c) Aufbau-Verlag]

[219]   Thomas Schnalke, Religiöse Medizin im antiken Griechenland, in: Heinz Schott, Meilensteine der Medizin, S. 40

[220]   Hesiod, Echoien, 50

[221]   Karl Arno Pfeiff), Pindar, Pythien III.

[222]   Karl Arno Pfeiff), Pindar, Pythien III.

[223]   Euripides: Alkestis. Dichtung der Antike von Homer bis Nonnos, S. 2807 (vgl. Euripides-W Bd. 1, S. 3) (c) Aufbau-Verlag]

[224]   Karl Arno Pfeiff, Pindar, Pythien III. 44

[225]   Thomas Schnalke, Religiöse Medizin im antiken Griechenland, in: Heinz Schott, Meilensteine der Medizin, S. 47

[226]   Klaus Junker und Sabrina Strohwald, Götter als Erfinder, Die Entstehung der Kultur in der griechischen Kunst; S. 14

[227]   Matthew Clark, Exploring Greek Myth, p. 24

[228]   Solon: [Lyrik]. Dichtung der Antike von Homer bis Nonnos, S. 9392 (vgl. Griech. Lyrik, S. 71) (c) Aufbau-Verlag]

[229]   R. Löbl: Techne; Walther Kranz: Geschichte der Griechischen Literatur: I.A.

[230]   Ingeborg Scheibler: Griechische Töpferkunst; ders.: Griechische Malerei der Antike; Peter C. Bol: Antike Bronzetechnik

[231]   Klaffenbach, Griechische Epigraphik, S. 66

[232]   R. Löbl: Techne

[233]   Hesiod, Theogonie: 533ff

[234]   Wolfgang Schadewaldt< Die Anfaenge der Geschichtsschreibung bei den Griechen, Hesiod 11

[235]   Homer, Ilias: XIII. 727

[236]   Homer, Odyssee: VIII. 167

[237]   Homer, Odyssee: VI. Gesang

[238]   Homer, Odyssee: I. Gesang 3

[239]   R. Löbl: Techne

[240]   Wikipedia

[241]   Ch.Horn, Ch.Rapp: Wörterbuch der antiken Philosophie

[242]   Xenophon, Gastmahl, W145

[243]   Karl Kerenyi: Die Mythologie der Griechen; Bd. I, S. 195

[244]   Homer: Odyssee 11. 593–600.

[245]   Wikipedia

246   Wikipedia

247   Wikipedia

248   Walther Kranz: Geschichte der griechischen Literatur: I.A.

249   Hesiod, Werke und Tage: 108ff

250   Historisches Wörterbuch der Philosophie

251   Hesiod, Theogonie: 571

252   Hesiod, Der Schild des Herakles 123

253   Hesiod, Der Schild des Herakles 164, 317

254   Hesiod, Theogonie: 520ff

255   Hesiod, Werke und Tage: 42 - 105

256   Eveline Krummen, Hesiod – Weltordnung und Ökonomie, in: Badisches Landesmuseum (Hg) Zeit der Helden, S. 106

257   Hesiod, Werke und Tage: 275ff

258   Hesiod, Werke und Tage: 289ff

259   Hesiod, Werke und Tage: 298ff

260   Hesiod; Werke und Tage 11ff

261   Hesiod; Werke und Tage 617

262   Burkhard Meißner, Die technologische Fachliteratur der Antike, Struktur, Überlieferung und Wirkung technischen Wissens in der Antike (ca. 400 v.u.Z. – ca. 500 u.Z.), S. 62

263   Karl Arno Pfeiff, Pindar, Fragment 209

264   Karl Arno Pfeiff, Pindar, Nemeen III, Paiam 52h

265   Karl Arno Pfeiff, Pindar, Pythien XI. 42

266   Wolfgang Schadewaldt, Die Frühgriechische Lyrik, Pindar, S. 349

267   Karl Arno Pfeiff, Pindar, Olympien VII. 51; Wolfgang Schadewaldt, Die Frühgriechische Lyrik, Pindar, S. 349

268   Karl Arno Pfeiff, Pindar, Olympien XIII. 7

269   Karl Arno Pfeiff, Pindar, Pythien VII 44.

270   Karl Arno Pfeiff, Pindar, Pythien III.

271   Ernesto Grassi: Die Theorie des Schönen in der Antike; Ch.Horn, Ch.Rapp: Wörterbuch der antiken Philosophie

272   Andre Pichot: Die Geburt der Wissenschaft, S243ff; Alfred Stückelberger: Einführung in die antiken Naturwissenschaften; O. Neugebauer: The Exact Sciences in Antiquity; Helmuth Gericke: Mathematik in Antike, Orient und Abendland; Carl B. Boyer: A History of Mathematics

273   Xenophanes, DK: 21B18

274   Klaus Junker und Sabrina Strohwald, Götter als Erfinder, Die Entstehung der Kultur in der griechischen Kunst; S. 77

275 Stefan M. Maul: Das Gilgamesch-Epos, Tafel I.1-44

276   Marion Giebel, Das Orakel von Delphi. Geschichte und Texte; S. 29

277   Herodot Das Geschichtswerk; IV.150

278   Marion Giebel, Das Orakel von Delphi. Geschichte und Texte; S. 37

279   Walter Burkert, Babylon, Memphis, Persepolis. Eastern Context of Greek Culture; S.49

280   Strabo, Geographica, II.5.10

281   Sir Thomas Heath, Aristarchus of Samos, the ancient Copernicus, S. 94

282   Diogenes Laertios, VIII. 84

283   G.E.R. Lloyd. Magic, Reason and Experience: S. 139

284   Xenophanes, DK 21B 10-12, 15-18, 23-26

285   Diehls/Kranz Fragmente der Vorsokratiker, 21B11

286   Diogenes Laertios, IX.6

287   Hellmut Flashar, Rezeption Homers durch die Philosophen, in: Joachim Latacz, Thierry Greub, Peter Blome, Alfried Wieczorek, Homer, Der Mythos von Troia in Dichtung und Kunst, S. 215

288   DK 21.34

289   Diogenes Laertios, II.12

290   Diogenes von Apollonia, Fragment DK 64 B 9

291   Diogenes Laertios, IX.57

292   Lionel Casson, Reisen in der Alten Welt, S. 60

293   Herodot V. 49

294   Herodot V. 52

295   DK, 22.B1

296   dtv der Kleine Pauly

297   Wolfgang Hein, Die Mathematik im Altertum, S. 26, 106

[298] Sir Thomas Heath, A History of Greek Mathematics, Preface

[299] Wolfgang Hein, Die Mathematik im Altertum, S. 31

[300] Andre Pichot: Die Geburt der Wissenschaft, S. 334

[301] Carl B. Boyer: A History of Mathematics S89

[302] Jacques Brunschwig und Geoffrey Lloyd, Das Wissen der Griechen, Eine Enzyklopädie: S. 240

[303] DK 86

[304] Diogenes Laertios VIII.86

[305] Wikipedia

[306] Diogenes Laertios, I. 59

[307] http://www.musees-gallo-romains.com/fourviere/exposition/index.html

[308] Andre Pichot: Die Geburt der Wissenschaft, S. 497

[309] Die Medizin bei den Griechen (Gaston Baissette): Die Ursprünge. Illustrierte Geschichte der Medizin, S. 412 (vgl. GdMed Bd. 1, S. 199) (c) Andreas & Andreas 1986

[310] Homer, Ilias, XI. 514

[311] Karl-Heinz Leven: Hippokrates, Ausgewählte Schriften: Die ärztliche Kunst; S. 227

[312] Die Medizin bei den Griechen (Gaston Baissette): Die Ursprünge. Illustrierte Geschichte der Medizin, S. 378 (vgl. GdMed Bd. 1, S. 179) (c) Andreas & Andreas 1986]

[313] Homer, Ilias, XI. 514

[314] Die Medizin bei den Griechen (Gaston Baissette): Medizinische Schulen, Kliniken und Gymnasien. Illustrierte Geschichte der Medizin, S. 546 (vgl. GdMed Bd. 1, S. 276) (c) Andreas & Andreas 1986]

[315] Karl-Heinz Leven: Hippokrates, Ausgewählte Schriften: Die ärztliche Kunst; S. 227

[316] Thomas Voskuhl (Ü), Äsop, Fabeln, Nr. 57

[317] Thomas Voskuhl (Ü), Äsop, Fabeln, Nr. 170

[318] Platon, Gorgias, 455b

[319] Xenophon, Memorabilien, IV.2.5.

[320] Die Medizin bei den Griechen (Gaston Baissette): Medizinische Schulen, Kliniken und Gymnasien. Illustrierte Geschichte der Medizin, S. 543 (vgl. GdMed Bd. 1, S. 274 ff.) (c) Andreas & Andreas 1986]

[321] Die Medizin bei den Griechen (Gaston Baissette): Medizinische Schulen, Kliniken und Gymnasien. Illustrierte Geschichte der Medizin, S. 543 (vgl. GdMed Bd. 1, S. 274 ff.) (c) Andreas & Andreas 1986]

[322] Juliane C. Wilmanns, Die ersten Krankenhäuser in Europa, in: Heinz Schott, Meilensteine der Medizin, S. 84

[323] Andre Pichot: Die Geburt der Wissenschaft, S. 497

[324] Klaus Bergdolt, Die Pest, S. 11

[325] Mischa Meyer, Ohne jegliche Ordnung; in: Damals, Jgg 43, 7/2011, s. 16

[326] Thukydides II,47

[327] Thukydides II,48

[328] Klaus Bergdolt, Die Pest, S. 20

[329] Klaus Bergdolt, Die Pest, S. 20

[330] [Die Medizin bei den Griechen (Gaston Baissette): Medizinische Schulen, Kliniken und Gymnasien. Illustrierte Geschichte der Medizin, S. 545 (vgl. GdMed Bd. 1, S. 275) (c) Andreas & Andreas 1986]

[331] G.E.R.Lloyd: Hippocratic Writings; Introduction

[332] Platon, Protagoras, 311b, Phaidros, 270c

[333] Hippokrates und die griechische Medizin des klassischen Zeitalters (Louis Bourgey und Marcel Martiny): [Vorbemerkung]. Illustrierte Geschichte der Medizin, S. 617 (vgl. GdMed Bd. 1, S. 301) (c) Andreas & Andreas 1986]

[334] Klaus Bartels, Vita brevis, ars longa; in Antike Welt, Heft 6/2006, S. 112; Hippokrates, Aphorismen Nr. 1; Ippokrate, Aforismi e Giuramento Nr. 1

[335] Karl-Heinz Leven: Hippokrates, Ausgewählte Schriften: Die heilige Krankheit, 18, S.184

[336] Karl-Heinz Leven: Hippokrates, Ausgewählte Schriften: Die heilige Krankheit, 14-17, S.180